중소제조업체 회계직원을 위한
법인세 쉽게 이해하기

수학연구사

목 차

〈 머리말 〉 ··· 1

PART I. 총론 ·· 5

PART II. 손익의 귀속시기와 자산 부채의 평가 ······································· 13

PART III. 익금과 익금 불산입 ··· 25

PART IV. 손금과 손금 불산입 ··· 33

PART V. 유무형자산의 감가상각 ··· 47

PART VI. 충당금과 준비금 ··· 51

PART VII. 부당행위 계산의 부인 ·· 65

PART VIII. 과세표준과 세액 계산 ··· 69

PART IX. 법인세의 납세절차 ··· 75

PART X. 합병 및 분할 특례 ·· 87

PART XI. 기타 법인세 ·· 91

〈 머리말 〉

어려운 법인세법을 조금이라도 쉽게 익히도록 한다

세법은 어렵다. 특히 가장 기본이 되는 법인세법에 대해서 들여다보고 익히는 것은 쉽지 않은 일이다. 필자의 일관된 목표는 기존의 교과서들에서 아무런 이유도 없이 그냥 무심히 적어만 준 것들에 대해서 어떻게 해서 무슨 연유로 또는 무슨 이유나 연혁으로 그런 서술이 나오는가에 대해서 알아보고 거기에 대해서 이유를 제시하거나 정책적인 결단의 문제 등 외움의 방향이나 수단을 제시하고자 함이다.

시험 평가상 실무상 문제가 되는 명제들에 대해서 다 정리를 해서 제시한다

시험이나 평가 그리고 실무상 문제가 되는 명제들에 대해서 정리를 해보았다. 실무나 평가에서 맞닥뜨리는 부분을 정리했기에 좀 추려냄은 랜덤할 수 있음을 양해 바란다.

논점 순 중요도 순으로 추려서 정리를 한다

그런 추려냄도 가급적 중요도와 언급도 또한 우리 독자들이 난해해할 수 있는 순서로 정리를 해서 제시를 한다.

아주 간단한 개념은 우리 책보다는 기본서나 인터넷 유튜브를 통해서 익히라

필자의 저술의 목표가 그러하기에 아주 간단한 개념 등에는 지면을 할애할 여유가 없다. 따라서 그런 것들에 대해서는 기본서나 인터넷 유튜브를 통해서 익히고 이 책에서는 좀 더 심화적으로 사고를 하면 왜 이게 이렇게 되나, 왜 그게 문제가 되나 하는 것들에 대해 따져보도록 한다.

법인세의 기초

결국에는 익금에서 손금뺀 게 세금 낼 영역이다

회사법인은 돈 벌자고 하는거다. 그러면 번 게 있을 거고 거기에 대해서 세금을 매긴다. 그런 구조가 바로 익금 그리고 빼기 손금 그래서 남은 순수이익에 세금이 부과가 된다.

그런데 평범치 않은 익금과 손금이 문제가 된다

그렇게 해서 익금에서 손금을 빼기만 하면 아주 쉬울 텐데 늘 원칙에 따르는 예외적 변수가 존재한다. 특히 그런 평범치 않은 것들이 그런 익금 손금의 특이한 것들이 육하원칙에 따르면 특이한 시간문제 공간문제 랑도 연결이 되어서 말이다.

예를 들어서 미래를 위한 대비적 자금이라면

예를 들어서 미래에 손금이 생길 것을 대비해서 잘 비축적으로 해둔 것이라면 참 합리적인 것이기는 하지만 그래도 그것을 어떻게 처리를 할지가 문제가 된다.

예를 들어서 한꺼번에 돈이 몰리는 것을 막기 위한 것이라면

한꺼번에 손실이 들어오는 것의 처리나 한꺼번에 수익이 들어오는 것의 처리는 합리적으로 나눠서 하는 게 세정의 입장에서도 바람직하다.

1. 과세대상과 납세의무자

-법인세법상 내국법인은 본점 주사무소 또는 실질적 관리장소가 국내에 있는 법인이다

최종이유적으로

여기가 헤드쿼터겠구나 하는 원리적 의식만 있으면 해결이 된다. 이곳이 국내에 있으면 국내법인으로 인정으로 말이다.

-법인으로 보는 단체도 법인세를 부담할 때가 있다

최종이유적으로

이를 표현상 부담을 해야 하는 의무적 의미로 보기보다는 다소 혜택적 의미 즉 소득이 발생해서 내기는 해야 하는데 그것을 소득세가 아니라 법인세로 처리를 하는 식으로 해서 가면 암기이해가 쉽다. 즉 법인으로 보는 단체가 스스로 원해서 법인세를 내겠다고 하면 세무서에서 허가를 해주면 그때부터 법인세를 부과하고 내는 식으로 한다.

-법인으로 보는 단체의 납세지는 주된 소재지이다

최종이유적으로

법인으로 보는 단체는 그들의 신청과 허가를 통해서 소득세가 아니라 법인세가 부과되는 것이다. 그러니 그 성질은 법인과 아주 유사하다. 그래서 이들은 법인처럼 주된 소재지에서 납세한다.

-신탁재산에 귀속되는 소득에 대해서는 원칙적으로 그 신탁의 이익을 받을 수익자가 그 신탁재산을 가진 것으로 보고 법인세법을 적용한다

최종이유적으로

이는 맞는 서술인데 이를 이렇게 생가하면서 복잡해 하기도 하다. 즉 민법과 관련해서의 접근인데 민법에서는 적극적으로 수탁자의 것으로 본다. 그러나 그 재산의 속내는 분명히 위탁자가 있는데 말이다. 그런데 그것은 이렇게 통합적 해석이 가능하다. 원래는 위탁자의 것이나 민법상으로도 소유권이 수탁자에게 넘어간다. 그러면 특히 세법에서는 이게 그 기간 동안의 소득에 대한 문제이기에 더욱더 수탁자가 기준이 된다고 보면 된다.

2. 사업연도와 납세지

-관할지방국세청장이나 국세청장이 납세지를 결정하는 경우 그 법인의 사업연도 종료일로부터 45일전까지 통지해줘야 한다

최종준이유적으로

국세청장-납세지결정-사십오일-납사:나프타-입법자는 납세지를 국세청장이 결정하는 경우에 언제까지는 통지를 해줘야 하는가를 본다. 마침 이 회사는 납사 나프타를 하는 회사인데 그 경우에 납사이니까 4는 기다려주세요 그전에는 될 겁니다 하는 내적 확신을 가지고 입법한다.

-합병 또는 분할에 의한 해산의 경우에는 해산등기일이 사업연도의 기준이 되는게 아니라 합병 분할등기일이 기준이 된다

최종이유적으로

합병 또는 분할은 망해서 해산이 된 게 아니기에 해산등기가 아니라 합병 분할등기가 이뤄지게 되기에 그게 기준이 된다.

3. 전체 일반

-현금매출이 있었으나 회계처리를 누락한 경우 현금이 유입되었다가 다시 유출되는 것으로 보는 것의 논리적 이유

최종이유적으로

현금매출이 있었으나 회계처리를 누락한 경우 현금이 유입되었다가 다시 유출되는 것으로 보는 소득처분에 대해서는 처음 공부하다보면 아니 왜 이렇게 두 번 들었다 놨다가 하는 식으로 복잡하게 해? 하고 생각을 하게 된다. 그러나 이것은 아주 잘 하는 것인게 일단 익금이 있었으면 익금으로 일단 매긴다. 그런데 사실 익금은 되었는데 이게 회계처리가 누락이 되었다는 것은 이 돈이 사라져서 지금 회사내부에는 없다는 의미로 봐야 한다. 그러면 또 뭔가의 처분이 필요하다. 유보로 할 수 없으니 말이다. 그래서 대표자가 꿀꺽하거나 대표자의 책임으로 봐서 대표자 상여로 처리를 즉 소득처분을 하게 된다.

-외상매출이 있었으나 회계처리를 누락한 경우 현금매출이 있었던 것과는 처리가 다른 이유

최종이유적으로

외상매출이 있었는데 누락을 하면 이를 일단 익금산입처리를 하고 유보로 소득처분한다. 이는 현금과는 달리 '현금의 행방이 어디있지?'하고 행방이

묘연한 것과는 달리 외상채권은 회사 안에 남아있는 셈이 되기에 유보로 해서 소득처분을 한다.

-연지급수입이자의 의미는 이러하다

최종이유적으로

연지급수입이자라고 하면 그 말의 글자적 의미만 보면 연지급 즉 이연되어서 늘여서 지급되는 수입이고 이자이다. 좀 확 그게 연결이 되어서 말이 확 감이 바로는 오지 않는다. 그런데 정확한 의미는 특히 관건이 바로 수입 부분이다. 수입은 수입을 거둔다의 의미로서의 수입이 아니라 원자재를 수입한다는 의미에서의 수입이다. 그래서 수입을 하면서 지급을 연지급으로 하니 그것으로 인해서 국제이자율과 국내이자율과의 차이가 생겨서 얻어지는 이자를 의미하게 된다. 이것은 원가로 매겨지지 않게 된다. 그러니 익금으로도 매겨지지 않게 된다.

-소득처분에 대해서는 그 개념이 초보일 때는 좀 확 안 와닿기도 한다

최종이유적으로

소득처분은 법인세상의 과세처리를 함에 있어서 최종 단계를 의미한다. 즉 이것은 어찌보면 법인세에 아주 꼭 필요한 것은 아닐 수도 있다. 즉 소득세와 최종 관련이 되어서 이렇게 세무조정을 한 것의 가장 최종결과로서는

이게 누구의 소득으로 귀속이 되는지를 밝히자는 것이 바로 소득처분이다. 그러니 가장 종극이 될 수밖에 없다.

PART II. 손익의 귀속시기와 자산 부채의 평가

1. 자산부채의 평가기준

-제조업을 영위하는 법인이 보유하는 화폐성 외화자산 부채의 평가방법을 관할세무서장에게 신고하여 적용하기 이전 사업연도의 경우 사업연도 종료일 현재의 매매기준율로 평가하지 않고 취득일 또는 발생일 현재의 매매기준율로 평가하여야 한다

최종이유적으로

이게 맞는 서술이고 틀린 서술로는 사업연도 종료일 현재의 매매기준율로 평가하여야 한다가 오답이 된다. 그런데 그런 경우는 바로 그렇게 하겠다고 신고를 하게 된다. 즉 사업연도 종료일로 하겠다고 신고를 하는 게 통상적인 것이고 그런 신고를 하지 않으면 바로 지문처럼 취득일 또는 발생일 현재의 매매기준율로 평가하여야 한다.

-현재가치할인차금은 취득가액에 포함하지 않는다

최종이유적으로

어차피 회계는 그 현재 상태를 가장 잘 반영하는가가 관건이 되기에 현재가치 할인차금은 그 안에 포함을 해서 하지 않는다. 미래에 갚아지는 돈이니까 말이다.

-현재가치할인차금을 회계학처럼 소수점까지 따져가면서는 나오지 않음에 유의한다

최종이유적으로

현재가치할인차금은 반드시 감안해서 간다. 그러나 회계학처럼 소수점까지 따져가면서는 나오지 않음에 유의한다. 즉 토지구입가격 3000만원 그리고 할인차금은 1000만원 그런 식으로도 해서 나온다.

-재고자산의 평가법 중 원가법에는 개별법-선입선출법-후입선출법-총평균법-이동평균법 및 매출가격환원법이 있고 유가증권평가법상 원가법에는 개별법(채권의 경우에 한함) 총평균법 이동평균법이 있다: 암기

노래로 암기하면

원가법 개별법 선입선출 후입선출 총평균 이동평균 매출가격환원
유가증권 개별법(채권한) 총평균 이동평균

노래로 암기를 한다. 리리리자로 끝나는 말은에 맞춘다.

-법인의 설립시 법인세법상 재고자산 평가방법을 적법하게 신고한 법인이 그 평가방법을 변경하고자 하는 경우 해당평가방법에 대한 신고기한은 변경할 평가방법을 적용하고자 하는 사업연도 종료일 이전 3월이 되는 날이다:

3개월 부분암기

최종준이유적으로

평가방법-변경-3월-평삼-평상마루-평상마루에 앉아서 보면 입법자는 내용들이 다 평이하게 잘 보인다. 재고자산을 변경한다면 평상마루에서 편하게 3개월의 시간을 두면서 해야 한다고 입법자는 생각한다. 연관어-평상마루

-법인의 설립시 법인세법상 재고자산 평가방법을 적법하게 신고한 법인이 그 평가방법을 변경하고자 하는 경우 해당평가방법에 대한 신고기한은 변경할 평가방법을 적용하고자 하는 사업연도 종료일 이전 3월이 되는 날이다: 종료일 이전 3개월 부분암기

최종준이유적으로

평가방법-변경-3월-이전-평이-뻥이요뻥-입법자는 그런 평상마루에서 옛추억에 젖어본다. 그래도 평상에서 뻥장수들이 흐트러진 곡식조각들을 펼치던 장면도 생각난다. 그래 과거에는 이렇게 펼치고 먹고는 했는데 말이다.

2. 손익의 귀속사업연도

-자본시장과 금융투자업에 관한 법률에 따른 증권시장에서 동법에 의한 증권시장업무규정에 따라 보통거래방식의 유가증권 매매로 인한 익금과 손금의 귀속사업연도는 매매계약을 체결한 날이 속하는 사업연도로 한다

최종이유적으로

이런 보통거래 방식은 아주 대규모로 이뤄지기에 크게 인도 등의 예외가 작용할 여지가 적다. 특히 이런 대형증권거래소를 통한 매매는 주권은 거래소를 통해서 예탁원이 전자로 가지고 있고 전자적 거래만 키보드와 모니터에서 왔다갔다 한다. 그러기에 원래의 익금의 귀속시기는 권리가 확정이 된 때가 기준인데 여기에서는 그런 매매만으로 권리의 확정시기로 본다.

-이미 경과한 기간에 대응하는 이자를 나중에 어떤 기수의 비용으로 계상한 경우 그 이자는 원천징수 여부를 불문하고 그 비용으로 계상한 기수의 손금으로 본다. 다만 차입일로부터 이자지급일이 1년을 초과하는 특수관계인과의 거래에 따른 이자 및 할인액은 제외한다

최종이유적으로

후단의 경우는 서로 세금포탈을 위해서 짬짜미의 염려가 있기에 그렇게 하지 못하게 하는 것이다.

-계약의 목적물을 인도하지 아니하고 목적물의 가액변동에 따른 차액을 금전으로 정산하는 파생상품의 거래로 인한 손익은 그 거래에서 정하는 대금결제일이 속하는 사업연도의 익금과 손으로 한다: 대금결제일 암기

최종준이유적으로

파생 결제-파세지수:라스파이레스지수-파생결제는 어떻게 될지 모르니 경제지수 매기듯이 대금결제일로 해서 확실한 기준으로 가야 한다고 입법자는 생각한다. 연관어-파세지수:라스페이레스지수

-중소기업인 법인은 장기할부조건으로 자산을 판매하고 인도기준으로 회계처리한 경우 그 장기할부조건에 따라 각 사업연도에 회수하였거나 회수할 금액과 이에 대응하는 비용을 신고조정에 의하여 해당사업연도의 익금과 손금에 산입할 수 있다

최종이유적으로

중소기업에게는 일종의 특혜규정으로서 장기할부에 대해서 대기업보다 금액도 작고 할테니 즉 금액으로 꼼수부릴 여지 장난칠 여지가 적으니 들어온 대로 해서 그때그때 잘 처리만 하면 봐주겠다는 식의 규정이다.

-결산조정사항은 장부를 조정할 때 장부의 금액대로 조정을 한다고 해서 이렇게 부른다

최종이유적으로

신고조정사항과 늘 헷갈리는데 결산조정사항은 장부를 조정할 때 장부의 금액대로 조정을 한다고 해서 이렇게 부른다. 반대로 신고조정사항은 그야말로 신고를 해야 하는 것이어서 장부의 결산조정과는 무관하다. 신고조정사항은 개념상 이렇게 알아두면 편하다. 즉 회계기준과 세법기준이 서로 다른 경우 법인세(소득세)를 신고할 때 무조건 세법기준에 맞추어 강제로 익금과 손금으로 과세소득을 조정하는 사항이다. 즉 세금을 신고할 때 세무기준으로 장부금액을 조정한다고 해서 신고조정이라고 표현한다.

-결산조정사항은 실무에서 매일 매일하는 게 아닌 것

최종이유적으로

결산조정사항은 딱딱하게 외우지 말고 실무에서 매일 매일하는 게 아닌 것 이렇게 봐두면 좋다. 즉 매일매일 세무 조정하는 것 즉 매일매일 회계처리하는 것이라고 생각한다. 현금처리 등은 매일 매일이다. 그러니 감가상각비 대손상각비 퇴직급여충당금등을 말한다. 뜻이 이해가 어려우면 일단 이 세 가지가 결산조정이라는 것을 철저히 암기하다보면 그게 그래서 결산조정이구나 하고 생각하게 된다.

-신고조정사항은 결산조정사항이 아닌 것

최종이유적으로

신고조정사항은 결산조정사항이 아닌 것을 말한다. 그래서 신고조정사항은 반드시 세법상 처리를 해줘야만 인정이 된다. 여기서 세법상 처리란 그냥 결산표에 넣기만 하면 된다는 것이 아닌 것을 말한다.

-결산조정사항은 세 가지를 딱 기억한다: 감가상각비. 대손충당금. 퇴직급여충당금

1) 기본 의미

결산조정사항은 세가지를 딱 기억한다: 감가상각비. 대손충당금. 퇴직급여충당금의 세가지이다. 그래서 퇴직연금충당금은 결산조정사항이 아니고 신고조정사항임을 명심해야 한다. 신고조정사항은 외부에서 보기에 시기가 명확한 것이라고 본다면 감가상각비. 대손충당금. 퇴직급여충당금의 세 가지는 자기들이 그 안에서 뭘하든지 간에 외부에서는 명확하게 드러나지 않는다고 봐야 한다. 그래서 결산조정사항이다 그래서 결산표에 넣어야 한다.

2) 자세히 보면 기업요소의 중요한 요소인 물품+채권(돈)+사람이다

이 세가지를 자세히 보면 각각 하나의 분야별로 물품+채권(돈)+사람이다. 그렇게 외워두면 된다. 좀 더 암기의 부담을 덜하면서 갈수 있다. 즉 다 뭔가를 대비하고 축적시키고 하는 돈인데, 하나는 설비에 대한 것들로서 나중을 위한 비축을 위한 감가상각비, 또 하나는 채권에 대해서 못 받고 하는

것을 대비하기 위한 대손충당금 그리고 마지막으로는 사람에 대한 준비인 퇴직급여충당금이다. 그렇게 정리해두면 된다.

3) 최종준이유적암기: 앞의 것들

결산조정+감가상각=곁가지:잔가지-입법자는 결산조정사항은 신고조정으로 액티브하게 일어나는 것들 뒤에 일어나는 잔가지와 같은 존재라고 생각을 한다. 물론 그 중요성이 떨어진다는 의미는 아니고 시기적으로 그렇다는 것이다. 그러다 보니 곁가지의 생각을 하게 된다. 그래서 결산조정은 일단 감가상각으로 시작을 한다.

4) 최종준이유적암기: 뒤의것들

대손충당금+퇴직급여충당금=대퇴부-입법자는 대퇴부를 중시한다. 그게 몸의 아주 중요한 부분으로 작용함을 알기에 말이다. 입법을 하면서 결산조정사항을 매기면서도 가장 기본이 되는 것은 신고조정사항에 곁가지로 나오는 것으로서의 결산조정사항 감가상각비를 놓고선 그 다음으로는 몸에 중요한 대퇴부를 설정한다는 마음으로 간다. 그래서 대손상각비와 퇴직급여충당금이 그 다음으로 나온다고 생각한다.

-퇴직연금충당금같은 신고조정사항은 세법상 정해진 한도에 미달했으면 한도까지를 처리를 해야 한다

결사조정사항과 달리 신고조정사항은 세법상 정해진 한도에 미달했으면 한

도까지를 처리를 해야 한다는 사항은 권지적 사항을 포함하는 표현이 된다.

3. 단기 장기 문제

-단기는 1년 기준이 된다. 그러면서 단기는 인도기준으로 본다

최종이유적으로

뭐 어렵게 생각할거 없이 즉 돈을 어찌 나눠주기로 했는지 등은 무시하고 인도기준으로 해서 본다.

4. 전체 일반

-유형자산의 취득과 함께 국공채를 매입하는 경우 기업회계기준에 따라 그 국공채의 매입가액과 현재가치의 차액을 당해 유형자산의 취득가액으로 계상한 금액은 그 취득가액에 포함한다

최종이유적으로

차액이 아닌 원래의 유가증권 순금액에 대해서는 그야 말로 팔아서 즉 현재가치로 팔면 그만이라는 사고에서 출발을 한다. 그러니 이렇게 결론이 난다. 즉 실무적으로 보면 토지나 건물 같은 유형자산의 취득에서 일정부분 국공채를 매입을 하게 하는 경우가 있는데 실제로는 매입을 하지 않고 샀

다가 차액을 내고 어음할인 하듯이 중간기관에 팔아넘기는 경우가 거의 전부다 이런 경우에 그렇게 들었던 순금액도 취득가액에 포함을 시킨다는 의미로 하는 말이다.

-법인의 업무와 관련없는 자산을 특수관계인으로부터 시가보다 높은 가액으로 매입한 경우 그 시가초과액은 취득가액에 포함한다

최종이유적으로

이렇게 하는 이유는 그야말로 '거래질서를 어지럽히지마'하는 사고에서 출발을 한다. 즉 니네가 그렇게까지 했으면 거기에 대해서 책임을 져 라는 사고에서 나온다.

PART III. 익금과 익금 불산입

1. 간주임대료 계산

-간주임대료 계산시에 미수이자도 해당기간의 익금으로 본다

최종이유적으로

수취를 못하는 것은 당회사의 잘못이라는 인식으로 간다.

-간주임대료 계산시에 추계외의 간주임대료 계산에는 주택임대보증금은 제외한다. 반대로 추계로 할 때에는 주택임대보증금도 계산한다.

최종이유적으로

이는 추계를 하지 않아서의 해택인데 그만큼 주택에 대한 임대를 많이 해주라는 의미로 해석을 하면 편하다.

-간주임대료 계산문제에서 '적수'라는 표현이 나오면 그것은 무조건 365일을 나누는 계산이 들어간다고 생각해라

최종이유적으로

원래 다른 파트에서는 세법에서 며칠 같은 것은 날려 보내기도 한다. 그런데 이 간주임대료에서는 특히 '적수'라는 말이 나오면 그것은 마구 계산을

특히 곱하기 계산을 하고 나서 나중에는 365로 나눈다는 것을 염두에 둬라.

2. 의제배당

-의제배당재원분석을 할 때는 법인인 경우인데, 의제배당은 법인세에서도 소득세에서도 나옴을 헷갈리면 안 된다

최종이유적으로

좌우지간 어떤 법인이 주식에 대한 무산증자 등에서 생기는 문제이기에 수익자는 법인이 될 수도 있고 개인이 될 수도 있다. 그래서 서로 헷갈리면 안 된다.

-의제배당을 처리할 때 주식발행초과금중에서 채무의 출자전환시 채무면제이익이 있는 경우는 의제배당재원이 된다

최종이유적으로

일반적으로 주식발행초과금은 액면보다는 주식의 가치가 올라가 있어서 그 가치차이만큼은 더 받는 그야 말로 정당한 자본거래이다. 그런데 그게 아니라 그런 주식발행초과금을 산정할 때 이런 표현이 나온다. 바로 채무의 출자전환시 채무면제이익이 있는 경우라는 때이다. 이때는 그간에 있던 기존

의 채무를 까주면서 대신에 주주에게 주식을 발행해주는데 앞서 말한 그런 액면가와 시가 차이 말고도 채무를 좀 더 까줌의 혜택을 받으면서의 경우가 된다. 그러니 이익이 남는 것이고 그게 이익이 되어서 의제배당의 재원이 된다.

-의제배당재원분석을 할 때, 재평가적립금에서 3프로 건물재평가적립금은 의제배당재원이 아니고 1프로 토지재평가적립금은 재원이 된다

최종이유적으로

과거에 한때 건물재평가세라고 해서 3프로의 재평가세를 내면 아예 법인세를 면제해주기도 했다. 그래서 이것은 이미 세금을 냈기에 의제[배당재원으로 보지 않는 것이다. 세금을 더 낼게 없기에 말이다. 그래서 익금불산입항목으로 본다. 반면에 1프로부분은 그렇게 법인세 면제를 해주지는 않으나 재평가세 1프로의 토지부분도 매년 과세연기를 해주는 실질적 효과는 있다고만 기억을 하자.

-의제배당시 단기소각주식은 소각전 2년 이내에 취득한 의제배당이 아닌 무상주가 먼저 감자된 것으로 본다: 그 이유

최종이유적으로

이는 의제배당시의 익금으로 보는 것들의 정책적 이유와 같이 맞아떨어지게

된다. 즉 자기주식소각이익중 소각일로부터 2년 이내에 자본에 전입하는 자기주식소각이익을 먼저로 하고 소각일로부터 2년 이후로 자본에 전입하더라도 소각당시시가〉최득가액의 경우이다. 따라서 그 논리와 맞추기 위해서 이 부분 즉 의제 배당시 단기소각주식은 소각 전 2년 이내에 취득한 의제 배당이 아닌 무상주가 먼저 감자된 것으로 본다.

3. 수익배당금 익금 불산입

-고유목적사업준비금을 손금으로 산입하는 비영리내국법인은 5년의 범위에서 그 목적사업에만 쓰기로 설정한 준비금은 손금으로 산입해주는 혜택을 준다

1) 최종이유적

특정한 고유사업을 가진 비영리내국법인이기에 혜택을 준다. 그래서 5년의 범위 그리고 그 목적사업에 쓰기로 한 경우이다.

2) 최종준이유적

특정고유사업+비영리내국법인+오년-고오-가고 오지 못한다는 말은(송골매 노래)-입법자는 5년으로 할까를 고민하는 부분이 바로 특정 고유사업을 하기로 한 비영리내국법인이다. 그래서 그에 대해서는 인생의 덧없음을 노래하는 송골매노래를 들으면서 그래 가고오지 못한다고 하는데 하면서 5년으로 설정을 한다.

-고유사업준비금을 손금에 산입하는 비영리내국법인이 지분을 출자한 다른 내국법인으로부터 받은 수입배당금에 대해서는 익금 불산입 규정을 적용하지 않는다

최종이유적으로

이런 혜택을 주는 것은 이 비영리 법인이 고유사업과 관련해서의 활동이다. 그게 아니라 여기처럼 재무적 활동에 대해서는 일반회사처럼 익금으로 산입을 시킨다.

4. 전체 일반

-내국법인의 각 사업연도 소득금액계산에 있어서 주식의 포괄적 이전차익도 익금에 산입하지 않고 주식의 포괄적 교환차익도 익금에 산입하지 않는다: 이유

최종이유적으로

이는 기업의 인수합병 등의 과정을 효율적으로 하게 하기 위한 정책적 배려의 측면에서 인정이 되고 있는 제도이다.

-초보 때는 익금을 복기라는 관점에서 보면 어떻게 접근을 해야 할지를 모른다

물론 가장 본질적인 것은 가장 보편적인 영업적인 것에서 나오는가 아니면 부수적인 것에서 나오는가의 문제로 가게 된다. 그런 관점에서 먼저 접근한다.

-내국법인중 독점규제 및 공정거래에 관한 법률에 따른 지주회사가 주권상장법인인 자회사(소득공제 비과세 감면법인 아님) 출자총액의 40퍼센트를 보유하여 수취한 배당금에 대하여 익금불산입을 적용받기 위해서는 그 주식을 배당기준일 현재 3개월 이상 계속하여 보유하고 있어야 한다: 암기

최종준이유적으로

40퍼센트-3개월-사삼-사산:유산-입법자는 사산을 막기 위한 즉 익금으로 되지 않기 위한 결실을 보게 하기 위해서 신경을 많이 쓴다. 그래서 사산: 유산을 막는 것 이것이 기업 그것도 내국법인중 독점규제 및 공정거래에 관한 법률에 따른 지주회사에게는 의미가 큰 것으로 생각한다 그래서 사산: 유산관련해서 생각해서 40프로 3개월을 염두에 두고 입법했다.

-손해배상청구권에 의하여 받은 보상금은 익금이다

최종이유적으로

이게 왜 당연히 받아야 할 자신의 손해에 대해서 익금인가? 라고 생각할 수 있다. 충분히 가능한 생각이다 그러나 여기에서는 이런 손해 즉 그런 손

해로 인해서 분명히 이 사람이 피해를 봐서 손금으로 처리를 한 부분이 거의 존재를 한다고 봐야 한다. 그런 점이 샘샘이가 되어서 익금으로 처리를 한다고 생각하자. 그래서 이것은 그냥 바로 익금불산입을 하는게 아니라 일단 입금으로 처리하고 또한 거기에 상응하는 손금이 존재한다고 생각하자.

PART IV. 손금과 손금 불산입

1. 접대비와 기부금-그 중 기부금

-기부금 관련 계산문제에서 기부금 관련 세무조성사항을 주고선 세무조정사항을 제외한 세무조정내역 이라고 제시를 하는 이유

최종이유적으로

기부금 관련 문제가 출제가 되면서 기부금 관련 세무조성사항을 주고선 세무조정사항을 제외한 세무조정내역이라고 적으면 익금산업 손금불산입 얼마 손금산입 익금불산입 얼마라고 해서 제시를 하는 이유는 그런 데이터 수치를 기반으로 해서 다시 기부금 관련한 것을 계산을 하기 때문이다. 그렇지 않으면 이중계산이 된다. 기부금 관련은 가장 최종에 계산 되기 때문이다.

-기부금 계산에 있어서 기준소득은 기준소득금액 즉 차가감소득금액에서 특례기부금을 더한 것에서 빼는 것은 min(이월결손금, 기준소득금액 x 80%)이다: 앞의 min(이월결손금 부분 암기)

최종준이유적으로

민 부분은 그 이상을 넘을 수 없으니 아래라고 해서 외우고 거기에 이월결손금이 붙는다. 아이/래이-로맨스그래이-차가감소득에서 특례기부금을 더할 때 그래도 빼는 것은 로맨스그래이를 빼야 한다고 생각한다. 로맨스는 의미가 있지만 지금 엄중하게 돈 계산을 함에 있어서 감정적 요소를 빼는게 맞다고 보기에 말이다.

-차가감소득금액에서 기부금을 더한 게 기준소득금액이 된다: 이를 역으로 외우기 위해서는 기준소득금액에서 기부금을 빼면 차가감소득금액이 된다 암기

1) 최종준이유적

기준소득금액-차가감소득금액=기차-장난감기차가 길떠나간다-말이 이어지는 것은 뭔가를 흥얼하면서 암송을 하는 게 입법자의 행동이다. 기준소득금액에서 차가감소득금액을 떨쳐내는 것은 기차가 앞으로 가면서 길 떠나가면서 연기를 뒤로 뿜어내는 모습과 닮았다고 입법자는 생각한다.

2) 참고 암기: 가족관계등록법

-부모(부 또는 모가 외국인인 경우를 포함한다)가 혼인신고시 「민법」 제781조 제1항 단서에 따라 자가 모의 성과 본을 따르기로 협의한 경우에는 그 협의 이후 협의당사자 사이에서 태어나는 모든 자녀에 대하여 효력이 있으며 협의당사자가 이혼 후 동일한 당사자끼리 재혼하여 다시 혼인신고를 하는 경우에도 효력이 있다.

최종준이유적으로는 성본은 장난 아니다는 생각을 입법자는 가진다. 그래서 장난감: 기차가: 길떠나간다 라는 노래를 들으면서도 그래 성본은 장난 아니야 하는 생각을 품고 듣는다.

-소득합계조정표에는 기부금과 관련한 세무조정사항은 포함되지 않는다

최종이유적으로

소득합계조정표는 세무상의 재무제표의 본질적인 부분이 아니다. 좀 가벼운 느낌이다 그런데 기부금은 굉장히 중요한 사항이라서 이 가벼운 소득합계조정표에는 담아서 안 되고 아주 더 정확하게 계산을 해야 한다.

-기부금관련 내용이 어려운 이유를 알아야 한다: 특례기부금과 일반기부금 그리고 당기부분과 당기이전의 부분

최종이유적으로

무슨일이든지 간에 본질을 정확히 알아야 뭐든지 정확한 이해와 암기가 된다. 기부금 관련한 내용이 어려운 이유는 계산을 하면서 두가지 차원 즉 특례기부금과 일반기부금이 나눠지고 또한 계산을 하면서 거기에 당기의 부분과 당기이전의 부분이 교차를 하기에 그렇다. 그러니 곱하기를 하면 2 곱하기 2가 되면서 4차원이 되는 것이다. 그래서 어렵다.

-기부금과 관련해서의 처리에 당기이전분 등이 나오는 것은 과거의 것에 대한 언급이 아니라 현재를 하면서 과거의 사실도 같이 다뤄주는 것이다

최종이유적으로

사업을 하다보면 잘될 때가 있고 못 될 때가 있다. 그래서 법인세는 그런 부분에 대한 고려가 강하다. 손해에 대한 이월도 그렇고 기부금도 그런 차원에서 처리를 한다. 다만 기부금은 과거에 한도초과가 된 것은 해당 현재년에 처리를 해주기도 한다. 다만 그 한도는 올해의 기준소득기준으로의 50프로를 한도로 한다. 따라서 해설에 나올 때의 당기이전분 당기분 이런 식으로 해서 나올 때는 그 당기이전분은 바로 이런 처리들에 대한 이야기임을 알아채야 한다.

2. 접대비와 기부금-그 중 접대비

-법인이 그 직원이 조직한 조직체 또는 단체에 복리시설비를 지출한 경우 해당 조합이나 단체가 법인인 때는 이를 접대비로 본다. 반면에 해당조합이 법인이나 단체가 아닌 경우에는 그 법인의 경리의 일부로 본다.

최종이유적

법인이면 다른 법인에 대한 것이니 당연히 접대비로 본다. 다만 그렇지 않으면 그 해당 법인 안에서 쪼물럭 쪼물럭 하는 것이기에 이는 접대비가 아니라 그냥 내부적 비용처리로 보기에 그래서 그 경리의 일부로 본다는 표현을 쓰게 된다.

-접대비 계산문제에서는 대체로 매출액이 먼저 자료로 제시되는데 매출액관련계산은 2번째 단계이고 처음에는 접대비 해당액부터 계산한다

최종이유적

즉, 이렇게 되어서 접대비 해당액에 대한 자료는 제시되기를 두 번째 즉 2단에서부터 제시됨이 일반적임에 대해서 알아야 한다.

-접대비 한도 계산에서는 기본한도와 수입금액한도를 더한다: 암기

최종준이유적

기본한도+수입금액한도=본수-본수르(본주르): 본수아(저녁인사)-입법자는 접대비는 그전날 밤에 쓴 것이고 그것의 계산은 아침에 빨리 빨리 다 할 거 해서 계산을 해야 한다고 생각한다. 그래서 프랑스식 인사 본수르를 들으면서 그래 그렇게 아침에 활기차게 진행을 해야지 하는 생각을 한다. 연관어-본수르: 본수아

-접대비 계산에서 문화접대비는 min (문화접대비액. (기초금액+수입금액기준)X 20%): 민문화접대비 부분암기

최종준이유적

문화접대비+아래-문래역:당산역-입법자는 문화접대비를 많이 쳐주려고 한다. 그러다 보니 min (문화접대비액. (기초금액+수입금액기준)X 20%)로 설정해서 문화접대비는 기초금액+수입금액기준에서의 20퍼센트 범위아래에서

는 다 인정을 하려고 한다. 이런 자신의 생각을 알아줄 서울의 지역은 어디가 있을까 하다가 지하철역을 지나차는데 문래역이다. 문래는 과거에 공업지역이었는데 문화주거지역으로 싹 바뀌었다. 연관어-문래역: 당산역

-접대비 계산에서 문화접대비는 min (문화접대비액. (기초금액+수입금액기준)X 20%):민문화접대비가 기초금액+수입금액기준의 이십프로라는 점 암기

최종준이유적

민/아래+이십프로=앤머래이-문화를 생각하면서 팝송을 생각하지 않을 수 없다는 입법자, 은발의 매력적인 가수 앤머래이를 생각한다. 연관어-앤머래이

3. 인건비

-인건비 중 건설 중인 자산 그런 식으로 나오면 자산이다/ 비용이 아니다

최종이유적으로

인건비 중 건설 중인 자산으로 처리가 될 것은 그런 식으로 나오면 자산이다. 비용이 아니다. 그러기에 비용이 아니기에 비용으로 처리를 했다고 하면 손금불산입으로 해서 세무조정을 한다. 기업의 입장에서는 자산으로 처리할 항목이기에 오히려 혜택을 주는 부분도 있기에 말이다.

4. 지급이자의 손금불산입

-지급이자의 손금불산입관련해서 건설이자에는 지급이자뿐만 아니라 유사한 성질의 지출금도 포함하는데 금융회사로부터 차입할 때 지급보증료도 해당한다

최종이유적

회사의 사옥을 위해서 쓴 비용 등에 대한 이자가 여기이다. 여기서의 지급보증료 같은 것도 자산의 구입비용으로 넣어야지 이것을 비용처리를 해서 손금으로 꾀한다면 그것은 안 된다는 것이 세법의 논리이다.

-특정차입금에 의한 지급이자 등은 건설 등이 준공된 날까지의 자본적지출로 하여 그 원본에 가산한다

최종이유적으로

시험에서 이런 표현이 그대로 오엑스로 나오는데 여기에서의 즉 그 원본에 가산한다는 바꿔서 이야기하면 비용으로 처리해서 손금으로 처리를 하지 않고 구입자산으로 넣어서 손금불산입을 한다가 답이 된다.

5. 전체 일반

-손금의 세부 항목 목차가 왜 그렇게 설정이 되었는지에 대해서

최종이유적으로

손금의 세부 항목 목차를 보면 조세공과금 인건비 접대비 기부금등의 순서로 되어 있다. 이것은 이렇게 이해하면 된다. 일단 가장 중요한 당연한 비용은 설명할게 없다. 왜 그냥 비용으로 빼고 손금으로 빼는 게 당연하니 말이다 문제는 그런 당연한 게 아니고 뭔가의 조세법에서 처리를 하거나 손을 대서 세금을 더 걷거나 덜 걷거나 하는 것들에 대한 것이다. 그래서 앞서 말한 그런 차례로 교과서에는 제시가 되어 있다.

-손금불산입 항목이 계산 문제에서는 자주 익금과 같이 나오는 이유를 알아야 한다

최종이유적으로

손금불산입은 그야 말로 모습은 거의 손금과 비슷한데 손금으로 인정이 되지 않는것이라는 의미나 취지를 가진다. 그리하여 경제적으로는 익금과 유사한 기능을 가지게 된다. 성격은 다소 미세하게 차이가 나도 말이다. 세법적으로는 결국 손금으로 인정이 안 되면 익금이나 다름없지 뭐 하는 식의 결과가 되기에 특히 계산문제에서는 빠르게 항목별로 치고 나갈 때 같이 나오게 된다.

-특정인에게 광고 선전목적으로 기증한 물품(개당 3만원 이하는 제외)의 구입비용으로 연간5만원 이내의 급액은 손금에 산입한다

최종이유적으로

불특정인에게 구매의욕을 자극하기 위해서 쓴 돈은 5만원 범위에서는 광고선전비로 처리가 되고, 특정인에게 그 이상을 즉 오만원 이상을 쓴 경우에는 접대비로 처리가 된다.

-업무와 관련하여 발생한 교통사고 벌과금은 손금으로 인정되지 않는다

최종이유적으로

이유적으로 따져보면 하지 말아야 할 것에 대한 것이기에 손금으로 인정되지 않는다. 회피할 수 있었지 않았냐는 것이다. 뭐 다른 식의 사업상의 어려움도 아니고 말이다. 즉 돈 없어서 늦게 내고 그런 거 아니라는 것이다.

-국유지사용료의 납부지연으로 인한 연체료는 손금이다

최종이유적으로

이는 도덕적으로 하지 말았어야 할 같은 요소도 작용이 되지 않고 경제적 사정으로 못냈을 수도 있는 것이다: 그래서 손금산입한다.

-업무무관가지급금에서 업무무관가지급금으로 보지 않는다고 표현이 나오면 그것은 업무와 관련되는 가지급금으로 본다고 해석한다

최종이유적으로

시험에서 '업무무관과지급금으로 보지 않는다'고 표현이 나오면 그것은 업무와 관련되는 가지급금으로 본다고 해석한다. 그리하여 업무무관가지급금에서 나오는 불이익적 규정들이 적용이 되지 않는다. 좋은 것이다. 그래서 손금산입 등의 규정이 적용이 되게 된다.

-내국법인이 1회 접대에 3만원을 초과하는 경우에는 세법상 요구되는 증빙이 있어야만 손금으로 산입이 된다

삼만원접대 증빙있어야-삼빙:삼고초려-입법자는 삼고초려의 정신을 잘 안다. 본인도 그런 중용을 받은 적이 있어서 입법자가 되었기에 말이다. 삼빙도 마찬가자의 정신이다. 그러나 그냥 맨입으로 초빙 내지는 삼빙이 된다는 것을 안다. 그래서 여기에 포함된다. 연관어-삼빙

-경비율을 따지는 2가지 방법: 기준경비율법 단순경비율법: 이 말 자체의 암기

최종준이유적

기준경비율 단순경비율-{기단가오}-기단가오는 메조와 팥으로 만든 떡이다. 입법자는 경비율을 따질 때도 양손의 떡을 쥔 심정으로 두가지를 다 따져야 함에 대해서 생각한다. 그래서 기준경비율 단순경비율을 다 생각하고 고려한 것이 바로 기단가오이다. 연관어-기단가오

-기준경비율법을 매기면서 복식부기의무자인 경우에는 기준경비율의 50프로를 적용한다: 암기

1) 최종이유적으로

지금 이 서술에는 기본적으로 장부신고가 아니라 추계신고를 함이 그 말 안에 포함이 되어 있다. 따라서 이는 뭔가의 불이익이 옴에 대해서 정리가 되어야 한다. 그래서 50프로를 매기는 것이다.

2) 최종준이유적으로

복식부기의무자-오십프로-복호:해독-복호는 암호를 풀어낸다는 의미이다. 입법자는 추계신고를 할 때도 하나의 암호해독이라고 본다. 원래 있는 것이라면 뭐를 적용하거나 그런 게 없지 않은가? 그래서 이것을 복호 과정 또는 암호해독과정이라고 생각한다.

-주주(지분율 1퍼센트)에게 주식취득자금을 대여하고 적정이자를 수령하였다면 업무무관자산으로 보지 않으므로 업무무관자산 등에 대한 자금이자 손

금불산입규정이 적용되는 게 아니라, 적정이자 수령을 해도 손금불산입규정이 적용된다.

최종이유적으로

즉 이럴 때는 이자의 수령여부는 전혀 업무무관성 유관성과는 전혀 관련이 없는 문제로 보게 된다.

-법인이 노동조합 및 노동관계조정법을 위반하여 노조전임자에게 지급한 급여는 손금에 산입하지 않는다

최종이유적으로

마치 정당하지 않게 지급한 뇌물처럼 만큼이나 이런 것들도 손금으로 따지지 않는다.

-외국의 법률에 따라서 국외에서 납부한 벌금은 손금불산입이다

최종이유적으로

근사하게는 상호주의 또는 좀 천박하게는 받은 만큼 간다는 점에서 본다면 국외에서 벌은 것을 인정하고 즉 익금으로 인정하고 그만큼의 손금으로 쳐내는 게 맞을 것이다. 그런데 국외에서의 익금은 아주 다 투명하게 인정을

받는 것은 아니다. 그러니 역으로 손금도 벌금 같은 것을 다 인정할 수는 없다. 그래서 이런 것이다.

-초보 때는 손익계산서의 과목 재분류에 대한 세무조정이라고 나오는데 왜 손익계산서 과목을 재분류 하는지에 대해서 모른다

최종이유적으로

기타 항목으로 잘 나오는 것 중에서 손익계산서의 과목 재분류에 대한 세무조정이라고 나오게 된다. 그런데 왜 손익계산서의 과목을 재분류 하는지 그 이유에 대해서 자신이 없다. 당연히 이런 식의 세무조정도 일종의 세무조정이다. 이것을 통해서 결국 손금 익금의 항목도 조정이 되기도 한다.

PART V. 유무형자산의 감가상각

-감가상각이 세법상 중요한 이유

최종이유적으로

사실 기업생활 즉 사업을 해보거나 회사를 다니면서도 회계팀 세무팀에 있지 않았던 사람들은 그 중요성을 잘 모른다. 기업들은 특히나 유형 자산의 비중이 아주 큰 편이다. 특히 제조업들은 말이다. 그러기에 그것으로 탈세의 여지가 아주 많다. 그래서 감가상각은 세법에서 아주 엄히 다룬다.

-감가상각은 결산조정사항임이 원칙인데, 예외적으로 감가상각의제액(감면사업영위법인), 업무용승용차의 감가상각비는 신고조정사항이다

최종이유적으로

감가상각의제액(감면사업영위법인), 업무용승용차의 감가상각비 같은 것들은 수시로 일어나고 그에 대한 파악도 수시로 되어야 하기에 신고조정사항으로 해서 수시보고를 하게 한다.

-감가상각비의 기본계산은 해당화구조이다: 감가상각비 해당액을 먼저 따지고 상각범위액을 따지고 마지막으로 시인부족액을 따진다

최종준이유적으로

감가상각비의 기본계산은 3단계이다. 그것은 감가상각비 해당액을 먼저 따지고 상각범위액을 따지고 마지막으로 시인부족액을 따진다. 그래서 이를 해당화구조라고 한다. 이를 노래에 암기를 빗대서 본다.

해당액 상각범위액 시인부족액 (해당화가 곱게핀 바닷가에서)

-개발비의 감가상각에 적용할 내용연수를 신고하지 않는 경우 즉 무신고시 기준내용연수 5년간 균등안분액을 상각한다

최종준이유적으로

개발비+오년-개호강간-내용연수를 신고하지 않으면 문제가 됨을 어떻게 할까? 입법자는 일본에서도 문제가 되는 개호강간에 대해서 제시를 한다. 즉 그런 부당한일을 당하면 반드시 신고하라는 의미를 가지고 있다. 연관어-개호강간

-수익적지출은 즉시상각의제대상이 되지 않고, 자본적지출은 즉시상각의제대상이 된다 그렇다면 그 두 개의 차이를 잘 이해해야 한다

최종이유적으로

자본적 지출은 좀 다음과 같은 의미로 된다. 현상을 안주하지 않고 뭔가를 더 나아가면 자본적지출이다. 그에 반해서 뭔가 잘해봐야 기본적으로 원래

있던 현상이 맥시멈이면 그것은 수익적 지출이다. 후자로서 노후화에 따른 방수 공사비는 절박해보이지만 그래봐야 맥시멈이 현상이기에 이는 수익적 지출로서 봐야 한다.

-건물로 계상된 접대비라고 할 때의 의미를 파악한다

최종이유적으로

건물로 계산된 접대비는 처음에는 오해를 한다. '아니 무슨 건물에 접대를 하는가? 그러면 혹 건물을 지어서 접대를 한다는 소리인가?'하고 오해를 한다. 그러나 답은 아주 간단하다. 건설현장에서의 접대비를 의미한다. 즉 건물을 짓는 과정에서 들어간 돈을 접대비로 처리하고 나중에 완공이 되고 나면 자산계정으로 대체하는 것을 말한다. 즉 건물은 늘 다른 파트에서도 그렇지만 지어지기 전까지는 아무것도 없는 것이니 중간 회계처리 중간 세무처리를 한다. 나중을 바라보고 하는 접대비성격의 것이라고 보면 된다.

PART VI. 충당금과 준비금

1. 퇴직급여충당금과 퇴직연금충당금

-총급여액에서 소득공제를 제한 것이 근로소득금액이다: 총급여액-소득공제 부분

최종준이유적으로

총급여액-소득공제=총소-청소연구소-입법자는 총급여액에서 소득공제를 제해서 근로소득금액을 얻고자 한다. 이것은 싹싹 치워내려는 청소연구소 회사의 사례를 참고했다 관련어-청소연구소

-총급여액에서 (소득공제를 제하고) 남은 게 근로소득금액이다

최종준이유적으로

총급여액-근로소득금액=총근-종금당건강-총급여액에서 (소득공제를 빼면) 근로소득금액이 남는다. 그래서 이를 바라보는 입법자는 종근당건강은 외판직도 많으니 소득공제래도 많이 빼주겠다는 것의 이야기를 듣고 이렇게 규정을 한다. 연관어-종근당건강

-퇴직급여충당금의 손금산입은 결산조정사항이나 확정급여형 퇴직연금부담금의 손금산입은 신고조정사항이다

최종이유적으로

결산조정사항과 신고조정사항을 판가름하는 가장 중요한 열쇠는 시간이 명확하게 드러나는가 아닌 가이다. 신고조정사항은 시간이 명확히 드러나서 그대로 신고를 해야만 하는 사항이고 결산조정사항은 내부에서의 꽁냥꽁냥이기에 결산표등에 드러나지 않으면 밖에서는 정확한 시기를 모를 사항이다. 그래서 결산조정사항은 의무적 신고의무 같은 것들이 없는 사항이다. 퇴직급여충당금은 그야말로 회사 내부의 문제이다. 그러나 확정급여형 퇴직연금부담금은 외부에서 그 시기가 파악이 된다. 그래서 신고조정사항이다.

-확정기여형 퇴직연금이 설정된 임원 또는 직원에 대한 급여는 퇴직급여충당금 손금산입한도액 산정시 총급여액에 포함되지 않는다

최종이유적으로

이 말은 그야말로 급여적 성격이 아니라는 의미이다. 확정급여형이라면 모를까 금액이 정해지지 않는 이러한 확정기여형은 그야말로 회사의 손을 떠난 해당 직원이 알아서 금융회사랑 처리하라는 성격의 것이기에 급여로 치지 않는다.

-퇴직급여충당금의 당기설정액이 세법상 한도액을 초과하는 그 초과액은 손금불산입(유보)로 처리하고 그 이후 퇴직급여를 지급하는 경우 손금산입한 퇴직급여충당금과 상계하고 남은 금액에 대해서는 기손금불산입된 금액을

손급으로 추인한다

최종이유적으로

여기서 손금으로 추인한다는 말을 잘 파악해야 한다. 이 말은 원래 익금이나 손금으로 인정받지 못하고 불인정 상태로 있던 것을 사후에 다시 익금이나 손금으로 인정하는 처분을 하는 것을 말한다. 그것을 유보추인이라고도 한다. 여기서 문맥상의 의미는 한도초과액은 손금으로 인정을 하지 못하고 유보해서 손금불산입으로 두고 나중에 퇴직급여를 써먹어서 게이지가 좀 내려가면 그 내려간 만큼을 과거에 손금으로 써먹지 못하고 유보한 금액을 써먹어서 간다는 의미로 파악한다.

-퇴직급여충당금 설정한도는 min(총급여액기준. 추계액기준):민+총급여액기준 암기

최종준이유적으로

민/아래-총급여액=민총:물권-입법자는 퇴직급여충당금은 적어도 가장 베이스가 되는 민총 이상은 갈 수 없다고 본다. 법률 사무원들에 대해서의 이야기다.

-퇴직급여충당금 설정한도는 min(총급여액기준. 추계액기준):민+추계약기준 암기

최종준이유적으로

민/아래+추=민추협;민주화추진협의회-퇴직급여충당금은 민추협의 살림이 빡빡하기에 추계액아래로만 잡아야 한다는 점을 감안한다. 연관어:민추협:민주화추진협의외

-퇴직연금충당금 설정한도는 min(퇴직연금운용자산기준. 추계액기준):min(퇴직연금운용자산기준 암기

최종준이유적으로

민/아래-아운/래운-눈가리고 아웅-입법자는 눈 가리고 아웅을 해서 뭔 더 가고 싶어도 그냥 퇴직연금운용자산기준으로 아래로 보게 하자는 것이 입법자의 의도이다. 연관어-눈가리고아웅

-퇴직연금충당금 설정한도는 min(퇴직연금운용자산기준. 추계액기준):min(추계액기준 암기)

최종준이유적으로

민/아래-아추/래추-아추널보면재채기가나올거같아-입법자는 연금운용자산이 커도 추계액기준수준으로 아래로 맞추라고 한다. 아추 하고 기침을 하다보면 아래로 맞춰진다. 연관어-아추 널 보면 재채기가 나올 거 같아

2. 대손충당금

-[계산로직]충당금은 회계장부상 설정한 것을 세법이 어떻게 받아들이는가의 문제로 귀결이 된다

최종이유적

대손충당금등에 대해서 기본적으로 깔고 가고 이해하고 가야 할 로직은 일단 충당금은 미래를 위한 부채 계정이다. 그래서 합리적인 회사운영을 위해서는 당연히 설정하고 간다. 다만 그것은 부채로서 보면 손금이 되기에 세법의 입장에서는 그것을 그냥 무한히 설정을 하고 자유롭게 가게 하게 두기는 할 수가 없다. 그야말로 세법의 지엄함 때문에 말이다 그래서 그것을 어떻게 합리적으로 하게 하고 또한 합리적으로 규율하는가 그게 관건이 된다.

-세무에서의 대손을 이해하면 회계에서의 대손이 쉽게 이해가 된다

최종이유적

세무에서의 대손을 이해하면 회계에서의 대손은 그것을 바탕으로 해서 세무에서의 대손이 구성이 되기에 회계에서의 대손이 쉽게 이해가 된다. 그야말로 선행학습의 원리가 된다.

-충당금과 관련해서 설문에서 대손금 및 대손충당금 관련해서의 세무조정이 제23기 각 사업연도 소득금액에 미치는 영향은 이렇게 물어보면 이것은 회계에 영향 미치는 것이 아니라 세무상의 그 회사의 물어야 할 세금에 얼마나 영향을 미치는 것인지를 물어보는 것으로 파악해야 한다

최종이유적

회계와 세무를 넘나는 게 세무 또는 세법 공부의 절묘함이라고 알고 간다. 다만 대손금 및 대손충당금 관련해서의 세무조정이 제23기 각 사업연도 소득금액에 미치는 영향은 어떻게 되는가라는 식으로 물어보면 그것은 회계에 영향 미치는 것이 아니라 세무상의 그 회사의 물어야 할 세금에 얼마나 영향을 미치는것인지를 물어보는 것으로 파악해야 한다. 즉 내야 할 세금이 늘고 줄고의 문제 즉 세무조정으로 원래의 덩어리의 세금의 원천이 되는 각 사업연도 소득금액에 미치는 영향이라고 봐야 한다.

-대손상각충당금의 세무에서의 태도를 이해해야 한다

최종이유적으로

기본적으로 충당금은 회계상 그 회사의 안정적 운영을 위해서 설정을 해두는 것이지만 세법상으로는 '아무리 안정을 위해서 한다고 해도 그것을 가지고 탈세를 함은 용납을 못해'하는 식의 사고가 팽배하다 그래서 특히 대손상각충당금은 '그거 함부로 인정하지마, 그러니 계산할 때는 아예 처음에 싹 없는 것을 하고 할거야' 하는 식의 태도와 '당기에 설정을 한 것도 좀

엄한 비율에서 할거야'하는 식의 접근이 들어감에 대해서 이해를 하고 가야 한다.

그래서 전자의 이야기대로 하면 해당년도 수입금액을 정밀히 따질 때 일단 설정된 충당금을 무시한다. 그런 세무조정을 하고 간다. 즉 세무적 관점으로만 충당금을 한 것을 본다. 그러다 보면 대손상각비만 주로 쳐다보게 되고 충당금은 무시하는 결과가 나오게 된다. 그 다음으로 후자는 충당금중에서도 내년을 위한 아주 작은 비율의 금액만 인정해줄게 하는 식으로 접근하게 된다. 그래서 1퍼센트나 해당연도 손실률을 따져서 큰 것을 가지고 손실률을 따지게 한다.

-대손부인액의 의미를 이해하자

최종이유적으로

대손부인액은 그야 말로 쉽게 이해해서 그냥 채권이라고 이해를 해도 크게 상관이 없다. 대손이라는 것이 회계상 세무상 뭔가 기업에서 혜택을 받기 위해서 하는 시도이고 그에 대해서 부이이라고 하니까 또한 그러한 제도적 시도 외에 무엇이 있는가? 하는 생각이 들기도 하지만 사실 따지고 보면 그게 결국에는 대손으로 인정받지 않은 그야말로 아직도 못 받은 채권 그 자체이다. 그렇게 쉽게 생각하고 가면 대손부인액이 쉽게 이해가 된다.

-대손에서의 비망가액 1000원을 한다

최종이유적으로

대손을 한 것은 나중에 다시 그쪽 채무자 쪽에서 갚을 수도 있다. 그런 상황을 생각해서 비망 즉 잊지 않게 하기 위해서 처리를 하면서도 어음 하나당 식으로 해서 1000원을 책정해서 표시를 해둔다. 그게 비망가액이다.

-대손실적률의 의미를 이해하자

최종이유적으로

대손실적률은 그 개념을 이해하기에 보기에 따라서 좀 다르게 이해도 가능하지만 이렇게 이해하면 편하다. 즉 대손은 결국에 열심히 채권추심을 하고도 못한 돈이다. 그러니 실적률은 역으로 생각해서 열심히 추심하고 다녀서 못받은 것의 실적률이다. 라고 이해를 하면 시간을 절약할 수 있다.

-설정률 = max (1%. 대손실적률)을 암기하기

1) 기본암기

일파만파는 일퍼센트의 유음어이다. 대손실적률은 슬쩍으로 해서 유음화를 시킨다. 그래서 일파만파 치는 것과 슬쩍 올라가는 게 같은 평균대에 있으면서 위로 치솟는다고 생각하자.

2) 최종준이유적암기

맥스 일프로 실적률-맥적구이-입법자는 먹는 것에도 관심이 당연히 많다. 대손 설정률을 따지면서 그것을 설정률과의 관계를 어찌놓을까를 고민하는데 일단 기본으로 맥시멈을 기본으로 해서 대손실적률을 놓는다고 생각한다. 즉 한계를 설정해야 한다고 생각하는데 그 한계를 맥적구이 맛으로 한다. 아, 맛있다 이 이상은 맛있을 수 없을거야. 연관어-맥적구이

-대손실적률은 해당연도발생 대손금/직전사업연도종료일현재채권잔액: 대손금에서 뭐를 처리해서 대손실적률이 나온다는 것 암기

최종준이유적으로 대손금-대손실적률-대대-대대손손-대대손손 잘되려면 대손실적률도 대손금을 통해서 관리가 잘되어야 한다고 입법자는 생각한다. 연관어-대대손손

-대손실적률은 해당연도발생 대손금/직전사업연도종료일현재채권잔액: 대손금에서 직전사업연도종료일현재채권잔액를 나눈다는 사실의 암기

최종준이유적으로 대손금-직전사업연도종료일현재채권잔액-대잔-포도대장

-민법상의 소멸시효가 완성된 선급금은 소멸시효가 완성된 날이 속하는 사업연도의 손금으로 한다

최종이유적으로

소멸시효는 채권이 생긴다. 그래서 선급을 했는데 무슨 소멸시효랑 관련되나 하고 생각할 수도 있다. 그런데 선급을 했다면 그 댓가를 받던지 다시 돌려받아야 한다. 그런데 그렇게 받지 못한 상태라고 봐야 한다.

3. 준비금

-고유목적사업준비금을 손금에 산입한 이후 5년이 되는 날까지 고유목적사업의 일부만 사용한 경우 미사용금액 잔액을 익금산입한다.

최종이유적으로

이에 대해서는 논리적으로 생각해보면 자연스럽게 익금산입이 된다.

-압축기장충당금은 신고조정도 인정한다: 암기

최종이유적

압축기장충당금은 감가상각과 관련이 되는데 원래 감가상각관련은 결산조정

사항이다. 그러나 일시상각충당금과 압축기장충당금은 한꺼번의 충격을 줄이기 위해서 신고조정을 해서도 가능하게 하려는 것이 취지가 된다.

-고유목적사업준비금의 손금산입은 원칙적으로 결산조정사항이나 외부화계감사를 받는 비영리내국법인의 경우에는 예외적으로 잉여금 처분에 의한 신고조정이 허용된다: 원칙적 결산조정암기

최종이유적

비영리법인은 수익사업으로 인한 이득은 익금산입을 한다. 그런데 그렇게 되면 고유목적 즉 공익을 위해서 일하라고 한 취지에서 그 만큼의 금액손해로서 공익목적 달성에 지장이 있기에 공익목적의 비영리법인에서는 고유목적사업 준비금제도를 둬서 그것에 대해서는 손금을 산입을 할 수 있게 하는 제도이다. 그래서 이는 원칙적으로 결산조정사항으로 해서 결산서에 기록을 해야만 하는 게 원칙이나 예외적으로 잉여금처분에 의한 신고조정도 가능하게 해서 유연하게 처리를 하고 있다.

4. 초보 때는 이런 것을 모른다

-대손충당금이나 충담금은 다분히 세법을 전제로 구성이 된 제도가 아닌가 하는 생각이 든다. 정말로 그런지에 대해서 잘 모른다

최종이유적으로

회계를 할 때는 그냥 충당금이 '그래 뭐 회사 입장에서는 미래를 생각해서 대비를 해둬야지'하는 식의 생각으로 덤비지만 실제로는 이게 세무를 다분히 혹시 위하는게 아닌가 하는 생각이 들게 된다.

-퇴직연금충당금에 대해서 세무조정을 하면 하고 나오면 뭐부터 어떻게 꾸려나가야 하는 것인지에 대해서 잘 모른다

문제에 들어가서 문제에서 끝머리에 '퇴직연금충당금에 대해서 세무조정을 하면..'하고 나오면 기본적으로 무슨 처리를 해야 하는지에 대해서 좀 자신이 없어 한다.

-일시상각 충당금을 설정할수 있다/없다의 의미에 대해서 자신이 없다

말문장등으로 '일시상각 충당금을 설정할수 있다/없다'에 대해서 자주 물어보는데 그런 물음에 대해서 그 파악이 쉽지 않다.

PART VII. 부당행위 계산의 부인

-부당행위 부인이 어려운 이유는 생각해봐야 할 경우의 수들이 아주 많다는 점이다

1) 네가지 태양 때문에 일단 어렵게 시작한다

어떤 물건을 매입을 하고 매도를 하면서 무엇인가 부당한 게 개입을 할 때 세법에서는 부당해위 부인으로 정의하고 그에 따라서 철퇴를 내린다. 그런데 이 부분이 어려운 이유는 일단 저가매입/고가매입 그리고 저가매도/고가매도에서부터 해서 저가/고가 그리고 매입/매수로 해서 네 가지의 행위태양이 벌써 시작부터 존재를 한다는 점이다. 그에 대해서 다만 이게 또한 다 검토를 하면 모르는데 그 중에서 중간에 낀 법인 즉 문제되는 법인 또는 힘이 센 법인 입장에서는 고가로 매입해주고 그리고 저가로 싸게 팔아주고 하는 점들이 문제가 되는 즉 네가지 점들 중에서 두가지 포인트가 일단 문제로 된다는 점이다.

2) 그 중에서도 가관인 부분이 있다

그러면 저가매입은 별로 문제가 안 되는가? 그런 점도 문제가 된다. 즉 앞서 두 가지 태양만 문제가 되었는데 나머지 상황은 문제가 안 되는가의 문제가 발생한다. 그중에서 특히 유가증권은 저가매입의 경우에 특수관계인인 개인에게서 구입을 하면 그것은 부당행위부인의 문제로 가게 된다. 그래서 매입가를 시가를 매기게 된다.

-특수관계인으로에게 싸게 파는 것 즉 저가매도도 세무상으로는 부정적으로

보는 이유는 작당의 가능성이다

최종이유적으로

특수관계인에게 뭔가를 터무니없이 싸게 줬으면 즉 싸게 매도를 했으면 그에 따르는 뭔가의 구린 서로간의 거래가 있을 것이라고 생각하는 게 상식적이다. 그래서 부당행위 부인에서는 저가 양도도 쌍심지를 가지고 하지 못하게 한다. 말 그대로 자기들끼리 짜고치는 고스톱을 치지 못하게 하는 것이다.

-특수관계인으로부터 용역을 시가보다 높은 요율로 제공받은 경우에는 시가와 거래가액의 차액이 3억원 이상이거나 시가의 5퍼센트 이상인 경우에 한해서 부인 규정을 적용한다

최종준이유적으로

용역 삼억 오퍼-삼오-삼호아파트-입법자는 특수관계인으로부터 용역을 그것도 아파트 관련 한 용역을 시가보다 높은 요율로 제공받으면 그래도 그것은 용역이니까 삼호아파트 정도의 용역급은 되어야 부인규정을 적용하고 그냥은 넘어간다고 생각한다.

-부당행위계산 부인을 할 때에 자산계상시 이 토지의 상속세 및 증여세법에 의한 보충적 평가

액이라고 나오면 그것은 감정평가상의 공시지가를 이야기 한다

최종이유적으로

즉 이런 경우는 부동산가격공시에관한법률상의 공시지가를 의미한다.

PART VIII. 과세표준과 세액 계산

1. 최저한세

-초보 때는 최저한세의 계산에 대해서 헤맨다

최저한세의 기능에 대해서는 조세정의와 조세형평의 측면에서 이뤄진다는 것을 너무도 잘 안다. 그런데 그게 계산문제로 가면 이것을 어떻게 해야 할지에 대해서 잘 모르게 된다.

-최저한세의 취지는 그래도 조금들은 안다. 그런데 그 이상을 가는 게 관건이다

최종이유적으로

최저한세의 요건은 법인세법과 조특법을 다 통틀어서 감면을 다 해주면 너무 지나치게 가는 것 아닌가 해서 가장 기본이 되는 이 정도는 내어야 하는거 아닌가 하는 사고의 발현이다. 여기까지는 좋다. 다만 뭐는 그런 기본이 되는 계산에 넣어주는가 그런 게 문제가 된다. 즉 법인세법상의 요소는 가급적 계산에 반드시 넣는다. 그런데 조특법상 요소는 무조건 반드시 넣는 게 있고 아닌게 있다. 그런 차이가 판단이 되어야 한다.

-총부담세액은 감면후세액에서 최저한세를 뺀 것이다: 감면후에서 최저한세 빼기 암기

최종준이유적으로

감면후-최저한세-감저탕:감자탕-감면후세액은 최저한세를 뺀 것이기에 감저가 중심이 된다. 입법자는 감자탕 마니아다. 아, 이게 그럼 감자는 빼고 우리가 필요한 것은 돼지척수를 달리 부르는 감저를 제대로 이름에 넣어야 하는거구나, 그래서 감자탕은 원 이름이 감저탕이다.

-총부담세액은 감면후새엑에서 (최저한세를 빼서)나온다는 사실의 암기

최종준이유적으로

감면후세액-총부담새엑-감총-감청색:군청색-총부담세액은   감면후세액에서 나오는 것을 정의내리고 싶어하려는 게 입법자다. 감저탕을 먹으면서 보이는 것은 시래기, 그 푸른 색깔이 감청색을 띈다. 그래야 싱싱하다. 연관어-갇청색: 군청색

2. 전체 일반

-조세특례제한법상 중소기업이 아닌 법인 즉 대기업은 결손금소급공제에 따른 환급을 적용받을수 없다: 암기

최종준이유적으로

대기업 결손소급환 (부정)-대결모드-대기업은 결손금소급공제에 따른 환급을 하지 않는 것은 일종의 대기업과 중소기업의 대결모드와 같은 모습이라고 입법자는 생각을 한다. 굳이 좀 더 확대해서 생각을 한다면. 싸움이나 전쟁의 상태래서 부정적으로 봐서 암기를 하면 된다. 연관어-대결모드.

-외국납부세액공제의 이월공제는 10년간 이월공제 가능하다: 암기

최종준이유적으로

외국이월 십년간 {외십오차} (외심오차)-외국납수세약공제도 나름 시간을 두고 인정을 해줘야 할 제도라고 입법자는 생각을 한다. 그래서 그것을 넓게 두르는 수학적으로 과학적으로 보이는 것으로 해서 외심오차 즉 별들끼리의 공전에서의 오차라고 보는 식으로 한다. 그래서 10년이다. 연관어-외심오차

-재해손실세액공제는 천재지변 등의 재해로 상실 전 자산총액의 100분의 20이상을 상실하여 납세가 곤란하다고 할 때에 인정이 된다

최종준이유적

재해손실공제를 해줘야 하는데 어떤 범위정도로 해줄까 입법자는 고민한다. 그래서 생각한 범위를 고민 중에 제이블랙을 알게 된다. 아, 저렇게 춤을 잘 추는 사람의 회사가 재산에 문제가 생긴다면 무릎이나 팔도 다 재산인데 말이다 하면서 걱정을 한다. 그래서 20프로의 손실을 문제 삼는다.

-사실과 다른 회계처리에 기한 경정에 따른 세액공제는 각 사업연도의 법인세액에서 과다납부한 세액을 100분의 20한도에서 공제한다

최종준이유적

사실과 다른회계처리-이십-다이-다이소:대창(일본어로큰창고의의미)-입법자는 사실과 다른 회계처리에 기한 경정에 따른 세액공제는 다이소 같은 물건이 많은 곳에서의 처리와 같은 요소가 크다고 생각한다. 관련어 다이소:대창

-각사업연도 소득에 대한 법인세 환급과 관련해서 특히나 법인세 환급 후 다시 결손금 경정으로 징수되는 부분에 있어서 계산시 유의사항

최종이유적으로

이럴 때 당초 환급세액을 먼저 계산하는데 즉 보통은 시험에서 얼마를 환급해줬다는 식으로는 바로 제시를 하지 않는다. 그야 말로 계산꺼리가 있어야 하기에 말이다. 그래서 거기서는 한도액을 잡고 가야 한다 그 한도액은 줄 수 있는 한도를 봐야 하는데 그게 바로 산출세액에서 공제감면세액을 뺀 나머지이다 그게 한도가 된다.

-법인세의 과세표준과 세액을 추계하는 경우에는 이월결손금 공제규정을 적용하지 아니한다. 다만 천재지변 등으로 장부나 그 밖의 증명서류가 멸실되

어 법령으로 정하는 바에 따라서 하는 경우에는 그러하지 아니하다

최종준이유적으로

법인세추계-이월결손금 아니-추이-침사추이-입법자는 침사추이를 다녀온다. 어후, 이렇게 많은 간판들의 홍수에서는 이월결손금 다 일일이는 못해준다. 못해줘. 연관어-침사추이

PART IX. 법인세의 납세절차

1. 중간예납

-법인세 납부관련해서 내국법인이 납부하여야 할 중간예납세액의 일부를 납부하지 않은 경우 신고불성실가산세는 적용되지 않는다

최종이유적

이를 혼동스럽게 출제해서 신고불성실가산세가 아니라 납부지연가산세는 내지 않는다로 혼동되게 출제하기도 한다. 중간예납이니 뭐니가 발생했다는 자체가 신고자체는 제대로 했기에 이런 게 성립하는 것이어서 논리적으로 잘 생각해 둬야 한다.

-법인세의 중간예납에 대해서는 분납이 허용된다.

최종준이유적

천만원을 초과하는 것에 대해서는 분납이 허용된다. 천분-천문대:플라나타리움-입법자는 법인세의 중간예납에 대해서 얼마를 기준으로 분납을 허용할까를 생각한다. 하늘에게 그 운세를 물어볼까 얼마로 하는 게 좋은지 하늘의 점괘를 보기 우해서 천문대를 간다. 천만원이다. 연관어-천문대:플라나타리움

-중간예납세액이 30만원 미만인 내국법인은 중간예납세액을 납부할 의무가 없다

최종준이유적

중간예납-삼십-내국법인-아니-삼중스님-어휴 스님께서 뭐를 내세요 놔두세요 하면서 삼중스님게 입법자는 말린다. 그러니 돈을 걷지 않는다. 연관어-삼중스님

2. 분납

-내국법인은 법인세법에 따른 납부할 세액이 천만원을 초과하는 경우에 납부할 세액이 일부를 분납할 수 있다. 다만 가산세와 감면분추가납부세액은 해당하지 않는다

최종이유적

여기서의 감면분 추가납부세액은 원래 공제를 받았다가 공제의 혜택에서 벗어나게 되었을 때 다시 내는 세액을 말한다. 즉 공제세액의 반대개념정도로 이해하면 좋다.

3. 원천징수 등 기납부세액

-내국법인이 법령이 정한 채권 등에서 발생하는 이자 등의 계산기간 중에 해당채권 등을 제삼자에게 매도하는 경우 채권 등의 보유기간에 따른 이자 등은 해당 법인이 원천징수 의무자를 대리하여 원천징수해야 한다

최종이유적

이런 식으로 채권의 이전 등에 대해서 원천징수 의무지가 다 아는 것도 아니다. 그러니 그 이전사실을 제일 잘 아는 사람이 당연히 원천징수 의무자를 대리해서 해야 한다. 그러지 않고 누가 진짜로 부담인지 '나 잡아봐라' 하는 게임을 하는 것은 말도 안 된다.

-원천징수대상으로 규정하지 아니한 소득에 대해서 원천징수된 법인세액은 법인세산출세액에서 공제하는 원천징수된 세액에 해당하지 아니한다

최종이유적

원천징수도 정당한 절차 등을 밟아야 그게 의미가 있는 것인데 되지도 않는 것을 걷으면 그것은 기납부세액으로 인정이 되지 않는다는 다소 원론적인 규정이다.

4. 신고 납부 결정 경정

-외부조정대상법인이 외부조정계산서를 첨부하지 아니하는 경우 신고하지 않은 것으로 보고 무신고가산세를 적용한다

이때 초심자들은 외부조정대상법인이라는 말에 좀 낯설어 할 수 있다. 이는 외부와 조정 사이에 세무라는 말을 넣으면 이해가 심플해진다. 즉 외부세무조정대상법인식이 된다.

-주식회사의 외부감사의 법률에 따라 감사인에 의한 감사를 받아야 하는 내국법인이 해당 사업연도의 감사가 종결되지 아니하여 결산이 확정되지 아니하였다는 사유로 신고기한의 연장을 신청한 경우에는 그 신고기한을 1개월의 범위에서 연장할 수 있다: 암기

최종준이유적으로

감사가-종결되지 않아서-1개월-앓일-일십; 안일십-외부감사의 법률에 따라 감사인에 의한 감사를 받아야 하는 내국법인이 해당사업연도의 감사가 종결되지 아니하여 결산이 확정되지 아니하였다는 사유로 신고기한의 연장을 신청한 경우에는 그 신고기한을 1개월의 범위에서 연장해달라고 입법자에게 카톡이 온다. 입법자는 말한다. 내가 어련히 알아서 잘 하려고 하면서 읽지도 않고 안일십한다. 연관어-안일십

5. 비영리법인의 법인세

-사업소득에 해당하는 수익사업이 있는 비영리내국법인은 토지건물 등의 양도소득에 대해서 소득세법상의 양도소득세에 관한 규정을 준용하여 계산한 과세표준에 양도소득세율을 적용하여 계산한 금액을 법인세로 납부하는 것은 아니다

최종이유적으로

이것은 일단의 비영리법인에 대해서 양도소득세의 특례적으로 주는 것이다. 그러기에 이것은 사업소득에 해당하는 수익사업을 영위하는 비영리법인에게는 적용되지 않는다.

-축산업을 영위하는 비영리내국법인은 지상권의 양도로 인하여 발생하는 소득이 있는 경우 법인세 과세표준신고를 꼭 하여야 하는 것은 아니고 하지 않을 수도 있다

최종이유적으로

원래는 비영리내국법인도 수익사업으로 소득이 있으면 지상권의 양도 등의 양도소득세를 내야 하지만 특히 아주 공익적 성격이 짙은 비영리법인 즉 여기서의 축산업의 경우에는 이마저도 봐줘서 양도소득에 대해서 법인세 과세표준 신고를 하지 않아도 된다.

-비영리내국법인이 수익사업을 영위하는 경우 구분 경리하는 것을 원칙으로 한다

최종이유적으로

여기서는 구분경리를 어떻게 이해하는가가 중요한 요소가 된다. 구분경리는 마치 부가세에서 면세와 과세를 구분하듯이 여기 법인세에서는 수익사업부분과 수익사업이 아닌 비수익사업부분에 대해서 구분해서 경리함을 의미한다. 따라서 구분경리가 당연히 원칙이다.

-비영리내국법인의 각 사업연도의 소득세는 유형자산 및 무형자산의 처분으로 인한 수입을 포함한다. 다만 처분일 현재 3년 이상 고유목적사업에 직접 사용하는 유형자산 및 무형자산의 처분으로 인한 수입은 제외한다

최종이유적으로

이 문항 또는 조항은 전문에 포인트가 있는 게 아니라 후문에 포인트가 있다. 즉 처분으로 인한 것을 소득으로 봄은 어찌보면 당연한 것이고 다만 처분일 현재 3년 이상 고유목적사업에 직접 사용하는 유형자산 및 무형자산의 처분으로 인한 수입은 제외한다. 이 부분이 진정한 의미가 있는 것이라고 봐야 한다.

6. 연결법인의 법인세

-연결법인의 법인세에서 연결납세방식을 최초로 적용받은 연결사업연도와 그 다음 연결사업연도의 개시일부터 4년 이내에 끝나는 연결사업연도까지는 연결사업연도의 적용을 포기할 수 없다

최종이유적으로

이 지문을 이해하려면 연결연도 사업에 대한 이해가 필요한데 이것이 보통일이 아니기에 한번 결심해서 신청해서 하기로 했으면 4년은 해야 한다는 의미이고 실질적으로는 앞의 앞꼬랑지 1년 남짓을 하고 그 뒤로 사년을 하라고 하니 오년을 해야 된다는 의미로 받아들이면 된다.

-연결납세방식을 적용받으려는 내국법인과 해당 내국법입의 완전자법인은 최초의 사업연도 개시일부터 10일 이내에 연결납세방식 적용신청서를 해당 내국법인의 납세지 관할세무서장을 경유하여 관할지방국세청에게 제출하여야 한다: 십일이내 부분암기

최종준이유적으로

연결납세-10일이내-헤어질결심-연결납세방식을 이용하려면 기존의 연결납세방식과는 다른 헤어질 결심이 필요하다고 입법자는 생각한다. 내가 그렇게 나쁩니까 정도가 아니라 완전히 헤어질 결심말이다. 연결어-헤어질결심

-연결납세방식을 적용받으려는 내국법인과 해당 내국법입의 완전자법인은 최초의 사업연도 개시일부터 10일 이내에 연결납세방식 적용신청서를 해당 내국법인의 납세지 관할세무서장을 경유하여 관할지방국세청에게 제출하여야 한다: 개시일부터 십일이내 부분암기

최종준이유적으로

연결납세-개시일로부터10일이내-걸개그림-입법자는 그래도 이게 오년인데 하면서 그래도 개시일부터 해서 10일간은 시간을 주려고 한다. 그래서 걸개그림처럼 다소 길게는 해택을 주려고 한다. 그러니 시작전이 아니고 시작하고 나서이다. 연결어-걸개그림

-연결모법인이 연결자법인으로부터 지급받은 연결법인세액할당 상당액은 익금에 반영하지 않고, 연결자법인이 지급한 연결법인세액할당 상당액은 연결자법인의 손금이 되지 않는다.

최종이유적

후자의 경우에 이것은 손금으로 산입을 해주게 되면 법인세적으로 중복의 해택을 주는 셈이다. 즉 앞에서 익급불산입을 했으니까 혜택을 줬으면 후자 즉 연결자법인이 지급한 연결법인세액할당 상당액은 굳이 손금으로 해서는 안 된다. 즉 손금 불산입을 해야 한다.

-내국법인과 해당 내국법인의 완전자법인은 법령이 정하는 바에 따라서 관할지방국세청장의 승인을 받아 연결납세방식을 적용하여야 하며, 이 경우 완전자법인이 2이상인 때에는 그중 일부를 선택하여 연결납세방식을 적용하지 아니하여서는 안 된다

최종이유적

분명히 연결납세방식은 특혜의 하나이다. 그러기에 일부는 적용을 시키고 일부는 적용을 하지 않으면 농단의 여지가 가득하다. 그러기에 이는 일괄적으로 하려면 다 하라는 식으로 하게 하는 것이다.

-추계조사결정의 사유로 장부나 그 밖의 증명서류에 의하여 연결법인의 소득금액을 계산할 수 없는 경우가 되는 경우에는 관할지방국세청장은 연결납세방식의 적용승인을 취소할 수 있다

최종이유적

추계조사방식은 부득이한 경우에 여러 가지 혜택을 주는 것인데 그것이 연결법인의 혜택과 같이 결합이 되는 것은 과중한 혜택이다. 그래서 적용승인을 취소도 하게 하는 것이다.

7. 외국법인의 법인세

-국내원천이자소득에 대해서 원천징수를 당한 외국법인은 원천징수세액의 징수일이 속하는 달의 말일로부터 5년 내에 경정청구할 수 있다: 암기

최종준이유적으로

원천징수-오년-원호처:보훈부-입법자는 아 이런 예산 즉 외국법인이 국내원천이자소득에 대한 것은 원호처적으로 참 훌륭하게 쓰일 수 있는데 하고 생각을 많이 한다. 그러면서도 그들의 정의구현에도 눈감지 않는다. 연관어 -원호처: 보훈부

-국내사업장이 없고 부동산 소득이 없는 외국법인의 양도소득은 종합과세하지 않고 예납적 원천징수 후 별도로 분리하여 신고납부한다

최종준이유적으로

사업장이 없고 부동산 소득이 없다고 하니 이는 단발성 거래이기에 조세확보를 위해서 원천징수를 예납적으로 하고 혹 더 소득이 여지가 있으면 신고납부하게 하는 것이다.

8. 전체 일반

-수시 부과는 탈루 도주를 생각하면 된다

최종이유적으로

수시 부과사유는 외국의 군대에서의 사유도 있기는 하지만 그게 대체로 다 먹고 튀기 즉 탈루의 경우 또는 탈루가 예상되는 경우에 미리 받아놓는 것이라고 생각하면 된다.

-소득세법에 따른 성실신고확인대상사업자가 사업용 자산을 현물출자하여 내국법인으로 전환한 경우 그 내국법인은 전환한 후 3년동안 성실신고확인서를 제출해야 한다

최종준이유적으로

성실신고-현물출자-내국법인전환-3년동안-성산일출봉-입법자가 성산일출봉을 가서 개인 사업을 하다가 법인으로 전환해서 마음을 잡는 사업자를 만났다. 아, 그래 이런 양반도 앞으로 삼년은 성실신고를 해야지 연관어-성산일출봉

PART X. 합병 및 분할 특례

-합병 및 과세 특례에서는 적격합병이면 장부가액의 논리는 회계학에서의 적격적 교환이면 공정가치를 가지고 한다와는 차이가 남을 염두에 두라

최종이유적으로

회계학 즉 재무회계에서 적격적 교환이면 공정가치를 가지고 교환의 가격을 정하게 되어 있다. 그리고 오히려 적격이 아니면 그냥 장부가치를 가지고 교환의 계산을 하게 되어 있다. 그러나 표면상으로 보면 세법은 반대이다. 적격적이면 오히려 장부가치를 가지고 계산을 하게 편의를 주는 것이다 그게 서로 구별이 되어야 한다.

-합병교부주식이라는 표현이 나오는데 일반적 세법에서 주식을 논함과 다른 것인지를 모른다

합병교부주식이라는 표현이 이 파트의 초장에서부터 나오는데 이게 그냥 합병을 거치면서의 일반적인 주식에 대한 이야기인지 아니면 뭔가 특수한 세법적 처리가 필요한 부분인지에 대해서 초짜일 때는 잘 모르게 된다.

-합병매수차익과 합병매수차손의 비교에 대해서 잘 모른다

최종이유적으로

합병매수를 하다보면 당연히 차익이 생기거나 차손이 생김은 당연한 문제인

데도 그 두 가지의 처리에 대해서 혼동이 되고 헷갈리는 측면들이 있다. 특히 두 개의 처리가 그냥 단순하게 플러스 마이너스의 관계가 아닌 것으로 보여지고 서술되어지는 측면이 있어서 어려움이 있다.

-적격합병에서의 이탈이라고 하면 어떤 의미의 이탈인지를 처음에는 잘 모른다

최종이유적으로

적격합병에 대해서 논하면서 나중에는 적격합병에서의 이탈 이라는 소단원이 나온다. 그렇다면 그런 적격합병에서의 이탈이란 어떤 측면에서의 이탈이라고 하는지 생소해서 이해가 처음에는 안 되는 측면이 생긴다.

-분할에 대한 과세라는 소단원의 시작을 보면서 왜 이때 과세가 발생하지 라는 생각을 한다

1) 문제 의식

앞서의 합병에 대한 과세처리 파트가 끝나면 분할에 대한 과세라고 해서 독립 소파트가 시작을 하는데, '왜 분할시에 과세가 발생하지?' 하는 근원적 물음이 시작된다. 이게 그렇다면 교환 등에서도 나타나는 원래의 장부장의 가격과 실제로 팔 때의 가격과의 차이 같은 것인가의 생각이 들게 된다.

2) 최종이유에 의한

분할법인(양도자 유사) 입장에서는 분할신설법인에게 준 자산과 관련한 양도소득세가 발생한다. 분할신설법인은 취득세 및 등록세는 물론이고 이월결손금등 세무조정사항의 승계가 문제되고 결정적으로 나중에 양도세 등을 위한 자신의 취득시기와 취득금액 등이 문제가 된다.

PART XI. 기타 법인세

-비영리 법인에 대한 소득 법인세를 논하면서 비수익사업 중에서 선급검사용역은 과세용역에서 제외한다

1) 문제의식

왜 선급검사용역이라는 말이 비수익사업에 해당하는지 이게 그런 비영이법인의 존속이나 장려 목적과 연관성을 가지는지에 대해서 자신이 없게 된다. 그런데 정확히 말하면 여기서의 선급은 선금을 주거나 미리 지급한다의 의미가 아니라 선박에 대한 급수를 매기는 일을 기본으로 한다. 즉 좀 더 자세히 보면, 선급 검사 **船級檢査** 는 일정한 기준에 따라 선박의 상태나 설비 등을 평가하여 등급에 따른 자격을 주는 검사를 의미한다.

2) 최종이유적

이를 그전에는 상호주의로 해서 비과세를 하다가 이제는 전체를 조건 없이 비과세해서 선급검사에 대해서 기술개발에 더 힘쓰게 하기 위함이 크다.

-비수익사업 중 국민연금사업에 대해서 이해가 없다

1) 문제의식

비수익사업으로 나열이 된 것중에서 '국민연금사업'이 들어 있는데 그게 국민연금공단같은 비영리법인 자체를 말하는 것인지 아니면 각 비영리법인에서 각각 별개로 국민연금사업을 하는 부분에 대한 언급인지가 헷갈리게 된

다.

2) 최종이유적

국민연금사업을 지금은 국민연금관리공단에서 하고 있지만 그것을 누가 하는가는 정하기 나름이다. 그러기에 그에 기반해서 이 사업을 비수익사업으로 정책적으로 정한다.

-비영리법인에서의 가산세 배재의 논리가 좀 이해가 처음에는 안 된다

왜 이런 비영리 법인에는 가산세 배재의 논리가 적용이 되는 것인지 공익적 성격을 가지고 있어서 그런지 등이 헷갈리게 된다.

권말부록: 공부가 잘될 때의 표지 즉 그 기준

-의미

잘될 때의 기준에 대해서 논해본다. 여기서의 기준의 반대가 공부가 아직도 잘되지 않을 때의 경우라고 생각하면 된다.

-공부가 쌓이는 느낌이 든다

공부가 암기가 제대로 되면서 쌓이는 느낌이 든다. 역으로 공부가 잘 안 되면 쌓이는 느낌이 들지 않게 된다.

-반복이 효과를 보는 느낌을 가진다

구조적이 잘 잘히면 반복효도 좋게 나타난다. 그래서 반복이 효과를 보는 느낌을 가진다. 좋은 반복은 사람에게 태세를 만들어 낸다.

-사고적 의미에서의 거인이 된다

거인은 일본어로 교진 즉 위대한 사람의 개념이다 공부가 잘 되어서 크게 보게 되면 교진이 된다. 그러면 너무 작은 것에 일희일비하지 않고 넓고 크게 보게 된다.

-오랜만에 그 과목을 봐도 빠른 시일에 내용이 착착 감겨야 한다

혹시 내가 다른 과목을 보다가 그 과목을 봤는데 그 내가 지금 문제들이 바로 잡히지 않는 것이 있다면 그것은 큰 문제이다. 제대로 입력했으면 이러지 않는데 문제되게 대충입력이 되어서 그렇다. '사실 그때는 입력이라는 것 자체가 없었지...'라고 하는 분들이 있다면 지금이라도 제대로 공부하라.

-뭔소리인지 모르겠다고 하는 게 거의 없다

당연히 처음에서야 좀 모르겠고 에이 잘 눈에 안 들어오는 것은 좀 나중에 보자는 식의 접근이 가능하다. 그런데 그게 회독수가 올라간다고 해서 그러면 곤란하다. 그러니 뭔소리인지 모르겠다는 게 누적이 되면 그것은 좀 문제가 있는 공부다.

-억지스러운 것은 말도 어렵다

공부가 쉽게 가지 않고 특히 뭔가를 형성했는데 그게 잘 진도가 안 나가고 발전도 느리면 자세히 보면 말이 억지가 많다. 그런 공식이나 암기식을 조성할 때는 그것을 외울 것이라고 막연히 생각하고 하지만 실제로는 그렇지 않은 경우가 아주 많기에 조심해야 한다. 쉬운 것은 내용도 어렵지 않다. 엄밀히 말하면 어려운 내용을 잘 자기만의 체계로 다듬어서 쉽게 만들어 둔 것이다.

-하루가 아주 소중 소중히 간다

하루하루가 아주 소중히 가게 된다. 그래서 공부의 밀도 일의 밀도도 아주 올라간다.

-외우려는 욕심이 잘 생긴다

제대로 외움이 되면 뭔가를 제대로 해서 외우려는 욕심이 생긴다. 그러지 않으면 그게 정상이 아닌 것이다.

-공부한대로 남는다

공부한대로 남는다의 상태는 참 이상적인 상태이기는 하지만 굳이 정의를 내린다면 아래와 같이 이야기가 된다. 즉 체계적으로 갈 주소에 핵심이 가서 아주 완벽히는 아니라도 끄집어 나올 만큼 끄집어 나온다의 의미로 보면 된다.

-책의 의미가 달라진다

책의 의미부여가 완전히 달라진다. 즉 공부가 제대로 안 될 때는 그저 정보를 주기만 하는 의미에서의 책이 되는데 적극적으로 될수록 내가 주체가 되어서 그 책의 내용을 복기하는 복기의 센터 복기의 중심으로서의 책으로 변모한다.

-외워야 할 사항을 잘 외움으로 시도를 하고 이해를 해야 할 사항을 잘 이해로 시도를 한다

이것은 말 그대로 이해는 이해 외움은 외움인데 그게 참 말처럼 쉽게 되지 않는다. 그래서 이것은 반대로 생각하면 쉽다. 즉 제대로 공부가 안 되는 사람은 외워야 할 게 아닌데도 외우려고 애를 쓰고 외워야 하는 사항은 즉 이해가 되는 게 아닌데도 마구 이해를 하려고 애를 쓴다. 역으로 되는 것이다.

도 서 명: 중소제조업체 회계직원을 위한 법인세 쉽게 이해하기
저   자: 자격증수험연구회
초판발행: 2024년 12월 06일
발   행: 수학연구사
발 행 인: 박기혁
등록번호: 제2020-000030호
주   소: 서울특별시 영등포구 버드나루로 130 1층 104호(당산동, 강변래미안)
Tel.(02) 535-4960   Fax.(02)3473-1469

Email. kyoceram@naver.com

수학연구사 Book List

9001 고1, 고2 내신 수학은 따라가지만 모의고사는 망치는 학생의 수학 문제 해결법
저자 수학연구소 / 19,500

9002 이공계 은퇴자와 강사를 위한 수학 과학 학습상담센터 사업계획 가이드
저자 수학연구소 / 19,500

9003 고3 재수생 수능 수학 만점, 양치기를 어떻게 바라보고 극복할 것인가
저자 수학연구소 / 19,500

9004 대학생들이 세상에서 가장 효율적으로 일본어를 정복하는 방법
저자 최단시간일본어연구회 / 19,500

9005 프랑스어를 꼭 공부해야 하는 대학생들이 쉽게 어려운 단어를 외우는 방법
저자 최단시간프랑스어연구회 / 19,500

9006 중국어를 빠르게 배우고 싶은 해외 파견 공무원들을 위한 책
저자 최단시간중국어연구회 / 19,500

9007 변리사들이 효율성 높게 일본어를 익히는 법
저자 변리사실무연구회 / 19,500

9008 세무사가 업무상 필요한 일본어 청취를 빠르게 습득하는 법
저자 세무사실무연구회 / 19,500

9009 심리상담사가 프랑스어 단어를 빠르게 익히는 방법
저자 상담심리실무연구회 / 19,500

9010 업무용 일본어 듣기의 효율성을 높이는 법: 해외파견공무원용
저자 공무원실무연구회 / 19,500

9011 관세사들이 스페인어 단어를 쉽고 빠르게 외우는 법
저자 관세사실무연구회 / 19,500

9012 스페인어 리스닝을 쉽게 하는 법: 해외파견금융기관직원을 위한 책
저자 금융실무연구회 / 19,500

9013 관세사가 알면 좋을 프랑스어 단어를 효율적으로 외우는 법
저자 관세사실무연구회 / 19,500

9014 법조인이 알면 좋을 스페인어 단어를 빠르게 익히는 법
저자 법조인실무연구회 / 19,500

9015 법조인이 알면 좋을 스페인어 단어를 빠르게 익히는 법
저자 법조인실무연구회 / 19,500

9016 미용 뷰티업계에서 알면 좋을 이탈리아어 단어 빠르게 외우는 법
저자 뷰티실무연구회 / 19,500

9017 간호대학생과 간호사 의학용어시험 만점! 심장순환계통단어 암기법
저자 의학수험연구회 / 19,500

9018 항공공항업계에서 알면 좋을 스페인어 단어 스피드 암기법
저자 항공공항실무연구회 / 19,500

9019 약사와 약대생을 위한 의학용어 만점암기법_ 심장순환계와 근육계
저자 의학수험연구회 / 19,500

9020 한의사와 한의대생을 위한 양의학용어 암기법_ 호흡기와 감각기
저자 의학수험연구회 / 19,500

9021 의료변호사를 위한 의학용어 암기법_ 소화기와 비뇨기
저자 의학수험연구회 / 19,500

9022 건강보험공단 직원과 취준생을 위한 의학용어 암기법_ 감각기와 호흡기
저자 의학수험연구회 / 19,500

9023 간호사 국가고시 합격기간 단축하기_ 1교시 성인간호, 모성간호
저자 의학수험연구회 / 19,500

9024 건강보험공단 직원과 취준생을 위한 의학용어 암기법_ 감각기와 호흡기
저자 의학수험연구회 / 19,500

9025 수의사와 수의대생을 위한 의학용어 암기법_ 근골격계와 심장순환계
저자 의학수험연구회 / 19,500

9026 식품위생직, 식품기사 시험을 위한 식품미생물 점수 쉽게 따기
저자 식품위생연구회 / 19,500

9027 영양사 시험 스피드 합격비법_ 1교시 영양학, 생화학, 생리학 중심
저자 영양사시험연구회 / 19,500

9028 영양사 시험 스피드 합격비법_ 2교시 식품학, 식품위생 중심
저자 영양사시험연구회 / 19,500

9029 6급 기관사 해기사 자격 시험 스피드 합격비법
저자 해기사시험연구회 / 19,500

9030 재배학개론 농업직 공무원시험 스피드 합격비법
저자 공무원시험연구회 / 19,500

9031 식용작물학 농업직 공무원시험 스피드 합격비법
저자 공무원시험연구회 / 19,500

9032 수능 지구과학1 입체적 이해로 만점 받기
저자 수능시험연구회 / 19,500

9033 건축구조 건축직 공무원 시험 교과서 술술 읽히게 하는 책
저자 공무원시험연구회 / 19,500

9034 위생관계법규 조문과 오엑스 조리직 공무원시험
저자 공무원시험연구회 / 19,500

9035 자동차구조원리 운전직 공무원 시험 교과서 술술 읽히게 하는 책
저자 공무원시험연구회 / 19,500

9036 수의사와 수의대생을 위한 의학용어_ 암기법 소화기와 비뇨기
저자 의학수험연구회 / 19,500

9037 도로교통사고 감정사 1차 시험 교과서 술술 읽히게 하는 책
저자 자격증수험연구회 / 19,500

9038 위험물산업기사 필기시험 교과서 술술 읽히고 암기되게 하는 책
저자 자격증수험연구회 / 19,500

9039 소방관계법규 조문과 오엑스 소방직 공무원시험
저자 공무원시험연구회 / 19,500

9040 양장기능사 필기시험 교과서 술술 읽히고 암기되게 하는 책
저자 자격증수험연구회 / 19,500

9041 섬유공학 패션의류 전공자가 섬유가공학 술술 읽고 학점도 잘 받게 해주는 책
저자 섬유공학패션연구회 / 19,500

9042 의류복식사 술술 읽고 학점 잘 받게 해주는 섬유공학 패션의류 전공자를 위한 책
저자 섬유공학패션연구회 / 19,500

9043 반도체장비유지보수 기능사 필기 교과서 술술 읽히고 암기되게 하는 책
저자 자격증수험연구회 / 19,500

9044 4급 항해사 해기사 자격 수험서 술술 읽히고 암기되게 하는 책
저자 자격증수험연구회 / 19,500

9045 접착 계면산업 관련 논문 특허자료 술술 읽히고 암기되게 하는 책
저자 접착계면산업연구회 / 19,500

9046 재수삼수 생활로 점수 올려 대입 성공한 이야기
저자 오답노트컨설팅클럽 / 19,500

9047 치위생사 국가시험 수험서 술술 읽히고 암기되게 하는 책
저자 자격증수험연구회 / 19,500

9048 치위생사 국가시험 수험서 술술 읽히고 암기되게 하는 책_ 2교시 임상치위생처치 등
저자 자격증수험연구회 / 19,500

9049 가스산업기사 필기시험 수험서 술술 읽히고 암기되게 하는 책
저자 자격증수험연구회 / 19,500

9050 응급구조사 1,2급 시험 수험서 술술 읽히고 암기되게 하는 책
저자 자격증수험연구회 / 19,500

수학연구사 Book List

9051 떡제조기능사 시험 수험서 술술 읽히고 암기되게 하는 책
저자 자격증수험연구회 / 19,500

9052 임상병리사 시험 수험서 술술 읽히고 암기되게 하는 책
저자 자격증수험연구회 / 19,500

9053 의료관계법규 4대법 조문과 오엑스 뽀개기 의료기술직 공무원시험
저자 공무원시험연구회 / 19,500

9054 간호학 전공자가 간호미생물학 술술 읽고 학점도 잘 받게 해주는 책
저자 간호학연구회 / 19,500

9055 간호사 국가고시 합격기간 단축하기_ 2교시 아동간호, 정신간호 등
저자 의학수험연구회 / 19,500

9056 도로교통법규 조문과 오엑스 뽀개기 운전직 공무원시험
저자 공무원시험연구회 / 19,500

9057 전기공학부생들이 시험 잘 보고 학점 잘 따는 법
저자 기술튜터토니 / 19,500

9058 간호대학생들이 약리학을 쉽게 습득하는 학습법
저자 간호학연구회 / 19,500

9059 의치대를 목표하는 초등생자녀 이렇게 책 읽고 시험 보게 하라
저자 의치대보낸부모들 / 19,500

9060 지적관계법규 조문과 오엑스 뽀개기 지적직 공무원시험
저자 공무원시험연구회 / 19,500

9061 방송통신대 법학과 학생이 학점 잘 받게 공부하는 법
저자 법학수험연구회 / 19,500

9062 공인중개사 1차 시험 쉽게 합격하는 학습법
저자 법학수험연구회 / 19,500

9063 기술직 공무원 시험 쉽게 합격하는 학습법
저자 공무원시험연구회 / 19,500

9064 독학사 간호과정 공부 쉽게 마스터하기
저자 간호학연구회 / 19,500

9065 주택관리사 시험 빠르게 붙는 방법과 노하우
저자 자격증수험연구회 / 19,500

9066 비로스쿨 법학과 대학생들을 위한 공부 방법론
저자 법학수험연구회 / 19,500

9067 기술지도사 필기시험 빠르고 쉽게 합격하는 학습법
저자 자격증수험연구회 / 19,500

9068 감정평가사 시험 스트레스 낮추고 빠르게 최종 합격하는 길
저자 자격증수험연구회 / 19,500

9069 의무기록사 시험 합격을 위한 의학용어 암기법_ 순환계와 근골계
저자 의학수험연구회 / 19,500

9070 의무기록사 시험 합격을 위한 의학용어 암기법_ 소화기와 비뇨기
저자 의학수험연구회 / 19,500

9071 감정평가사 2차 합격을 위한 서브노트의 필요성 논의와 공부법
저자 자격증수험연구회 / 19,500

9072 감정평가사 민법총칙 최단시간 공부법과 문제풀이법
저자 자격증수험연구회 / 19,500

9073 게임 IT업계 직원이 영어를 빠르게 듣고 말할 수 있는 방법
저자 최단시간영어연구회 / 19,500

9074 IT 게임업계 직원이 효율적으로 빠르게 일본어를 습득하는 법
저자 최단시간일본어연구회 / 19,500

9075 게임회사 IT업계 직원이 프랑스어 단어를 빨리 익히는 법
저자 최단시간프랑스어연구회 / 19,500

9076 경영지도사가 빠르고 효율적으로 중국어를 배우는 법
저자 최단시간중국어연구회 / 19,500

9077 유튜버가 일본어 청취를 빠르게 익히는 방법
저자 최단시간일본어연구회 / 19,500

9078 법조인들이 알면 좋은 프랑스어 단어를 빠르게 익히는 법
저자 최단시간프랑스어연구회 / 19,500

9079 경영지도사에게 필요한 스페인어 단어 빠르게 익히기
저자 최단시간스페인어연구회 / 19,500

9080 일본어 JLPT N4, N5 최단시간에 합격하는 법
저자 최단시간일본어연구회 / 19,500

9081 관세사에게 필요한 이탈리아어 단어 빠르게 익히기
저자 최단시간외국어연구회 / 19,500

9082 일본 관련 사업을 하는 중개사를 위한 효율적인 일본어 듣기법
저자 최단시간외국어연구회 / 19,500

9083 일본 취업 준비생을 위한 일본어 리스닝과 단어 실력 빠르게 올리는 방법
저자 최단시간외국어연구회 / 19,500

9084 관세사에게 필요한 중국어 빠르게 습득하는 법
저자 최단시간중국어연구회 / 19,500

9085 누적과 예측을 통한 영어 말하기와 듣기 해답_ 해외진출자를 위한 책
저자 최단시간외국어연구회 / 19,500

9086 스페인어를 공부해야 하는 대학생들이 빠르게 단어를 숙지하는 법
저자 최단시간외국어연구회 / 19,500

9087 취업 준비 대학생은 인생 자격증으로 공인중개사 시험에 도전하라
저자 자격증수험연구회 / 19,500

9088 고경력 은퇴자에게 공인중개사 시험을 강력 추천하는 이유와 방법론
저자 자격증수험연구회 / 19,500

9089 효율적인 4개 국어 학습법과 외국어 실력 올리는 방법
저자 최단시간외국어연구회 / 19,500

9090 여성들의 미래대안 공인중개사 시험 도전에 필요한 공부 가이드
저자 자격증수험연구회 / 19,500

9091 해외파견근무직원들이 이탈리아어 단어 빠르게 익히는 방법
저자 최단시간외국어연구회 / 19,500

9092 영어 귀가 뻥 뚫리는 리스닝 훈련법
저자 최단시간외국어연구회 / 19,500

9093 열성아빠를 위한 민사고 졸업생의 생활팁과 우수 공부비법
저자 교육연구회 / 19,500

9094 유초등 아이 키우는 열정할머니를 위한 민사고 생활팁과 공부가이드
저자 교육연구회 / 19,500

9095 심리상담사가 일본어를 쉽게 배울 수 있는 노하우와 팁
저자 최단시간외국어연구회 / 19,500

9096 법조인을 위한 틀리는 소리에 집중하는 외국어 리스닝과 단어 훈련법
저자 최단시간외국어연구회 / 19,500

9097 관세사를 위한 문법 상관없이 받아 듣고 적는 외국어 학습법
저자 최단시간외국어연구회 / 19,500

9098 민사고에 진학할 똑똑한 중학생을 위한 민사고 공부팁과 인생 이야기
저자 교육연구회 / 19,500

9099 해외파견근무직원들을 위한 프랑스어 단어 쉽게 배우기
저자 최단시간외국어연구회 / 19,500

9100 해외파견근무직원들이 일본어를 쉽고 빠르게 공부하는 방법
저자 최단시간외국어연구회 / 19,500

수학연구사 Book List

9101 대학생들이 이탈리아어 단어 쉽고 빠르게 익히는 법
저자 최단시간외국어연구회 / 19,500

9102 뷰티 화장품 업계에서 알면 좋을 스페인어 단어 쉽게 익히기
저자 최단시간외국어연구회 / 19,500

9103 민사고 진학에 갈등을 느끼는 딸바보 아빠를 위한 인생 조언과 공부법
저자 교육연구회 / 19,500

9104 유튜버를 위한 영어 리스닝과 스피킹 실력 빠르게 올리는 법
저자 최단시간외국어연구회 / 19,500

9105 해외파견직들을 위한 문법 없이 어학 공부하는 방법
저자 최단시간외국어연구회 / 19,500

9106 변리사가 프랑스어 단어를 쉽고 빠르게 배우는 법
저자 최단시간외국어연구회 / 19,500

9107 법조인이 알면 좋을 중국어 스피드 습득법
저자 최단시간외국어연구회 / 19,500

9108 임용고시 합격하려면 고시 노장처럼 공부하지 마라
저자 임용고시연구회 / 19,500

9109 임용고시 합격을 위한 조언_ 공부로 생긴 스트레스 공부로 풀어라
저자 임용고시연구회 / 19,500

9110 가맹거래사 시험 법학에 자신이 없는 사람들이 꼭 봐야 할 합격법
저자 자격증수험연구회 / 19,500

9111 가맹거래사 책이 쉽게 이해되지 않는 사람들을 위한 수험전략 가이드
저자 자격증수험연구회 / 19,500

9112 항공 및 공항 업계에서 알면 좋을 이탈리아어 단어 효율 암기법
저자 최단시간외국어연구회 / 19,500

9113 은퇴자를 위한 외국인과 만나는 게 즐거운 영어 리스닝 방법
저자 최단시간외국어연구회 / 19,500

9114 항공과 공항업계인을 위한 일본어 듣기와 단어 청크 단위 학습법
저자 최단시간외국어연구회 / 19,500

9115 유튜버가 프랑스어 단어에 쉽게 접근하고 익히는 법
저자 최단시간외국어연구회 / 19,500

9116 대학생이 필요한 스페인어 청취를 빠르게 습득하는 법
저자 최단시간외국어연구회 / 19,500

9117 해외파견직들을 위한 스페인어 단어 스피드 학습법
저자 최단시간외국어연구회 / 19,500

9118 관세사를 위한 직청직해 소리단어장 다국어 훈련법
저자 최단시간외국어연구회 / 19,500

9119 경비지도사 처음 도전하는 사람들이 꼭 알아야 할 시험 접근법
저자 자격증수험연구회 / 19,500

9120 유튜버가 이탈리아어 단어 효율적으로 익히는 방법
저자 최단시간외국어연구회 / 19,500

9121 관세사가 빠르고 쉽게 일본어 실력 올리는 법
저자 최단시간외국어연구회 / 19,500

9122 영어가 부족한 법조인을 위한 리스닝과 스피킹 효율 학습법
저자 최단시간외국어연구회 / 19,500

9123 미용 뷰티업계에서 알면 좋을 일본어 쉽게 접근하는 법
저자 최단시간외국어연구회 / 19,500

9124 대학생을 위한 외국어 공부법_ 문법은 버리고 소리에 집중하자
저자 최단시간외국어연구회 / 19,500

9125 심리상담사가 스페인어 단어를 효율적으로 배우는 방법
저자 최단시간외국어연구회 / 19,500

9126 대학생을 위한 다양한 외국어 쉽게 접근하게 해주는 가이드
저자 최단시간외국어연구회 / 19,500